轨迹

——校史教育教程

主编/宋爱全　李发彬　孙东

副主编/张传龙　甄文波　王晴晴

主审/周永　　　　　　张爱鹏

中国人民大学出版社

·北京·

《轨迹——校史教育教程》
编 委 会

主　　任：孙众志　　赵耀培

副主任：李华宾　　许有财　　张丽芳　　王　毅　　靳建国　　任洪亮
　　　　　王洪彩　　宋爱全

委　　员：李发彬　　孙　东　　赵　烽　　李宗茂　　肖慧敏　　张政梅
　　　　　张良智　　尹四倍　　赵秋叶　　孙建俊　　逢吉玲　　陈　静
　　　　　丁林曜　　甘　博　　王西银　　孟　昕　　杨丽英　　张　峰
　　　　　林　蓉　　安　军　　李家俊

前言
PREFACE

　　《轨迹——校史教育教程》是山东劳动职业技术学院劳动精神传承的重要载体，是人文素质与职业素养教育的重要组成部分。党的二十大报告指出："全面贯彻党的教育方针，落实立德树人根本任务，培养德智体美劳全面发展的社会主义建设者和接班人。""在全社会弘扬劳动精神、奋斗精神、奉献精神、创造精神、勤俭节约精神，培育时代新风新貌。"这为我们进一步挖掘校史文化，提高教育质量、弘扬劳动精神指明了方向。

　　本书最初由原党委副书记王韶明同志、原基础部副主任周永同志牵头编写。他们是学院优秀毕业生的代表，本书的字里行间流淌着他们教书育人情怀和对学校的热爱、对劳动精神的执着，时刻激励着我们这些后来继承者、修订者勇敢地接过接力棒，担负起往前冲、往下传的历史责任和使命。不忘来时路，方知向何行。汉司马相如《封禅文》记载："故轨迹夷易，易遵也。"这是校史教育教程的最初灵感来源，是本书初创者们对学院历史沿革和劳动精神谱系的朴素理解和凝练升华。校史教育教程的主题最终确定为"轨迹"，并邀请著名书法家张炳南先生题写。

　　本书共分四个部分。第一部分（纪年校史篇）由张传龙、袁燕、王燕、何晓倩等同志执笔，内容包括建校、更迭、升格、变迁等，记录了学院风雨兼程，一路拼搏，展开了学院一路芬芳的历史画卷，梳理了学院创业、奋斗、成长、文化凝聚的历程。第二部分（劳动精神篇）由王晴晴、张爱鹏、张娟、于蕊、李月梅等同志执笔，主要呈现了学院建设逐步完善、依法治校日益严谨，满园绿荫、书香飘溢，机器隆隆，一派生机盎然景象。学院秉承"卓越技能、出彩人生"校训，坚持高技能人才培养方向不动摇，坚持"高端引领、特色立校、内涵发展、多元办学"理念，以习近平新时代中国特色社会主义思想为引领，以名校建设、优质校建设为契机，以精神文明创建为抓手，润心领路、追求卓越，探索实践经典诵读、半军事化管理、第二课堂、专业化教学等人文素质与职业素养"三位一体"教育体系，不断推动学院向着建设一流高职院校的目标迈进。第三部分（人物口述篇）由孙东、刘国柱、刘一鸣、尹贻山、焦忠、孙少平、王潇、鹿玉翠等同志执笔、采编，内容主要通过人物访谈形式，追忆了教师们或温柔敦厚、循循善诱，或严谨治学、教导有方，或春风化雨、润物无声，或埋头苦干、诲人不倦，或艰苦创业、不懈追求的情景和故事。尤其突出教师为党育人、为国育才的教育情怀，敬业乐群，宛如红烛照亮学生，可谓桃红李白、芬芳馥郁。同时，用精彩的文字和图片呈现了十万多名学子走出校园、踏上工作岗位，成为国家建设各条战线的佼佼者。第四部分（继往开来篇）由宋爱全、李发彬、宁昊然、刘晓琼等同志执笔，以史为鉴，展望未来，把学院高技能人才培养的宝贵经验和劳动精神财富薪火相传、发扬光大。

2023 年 6 月，习近平总书记在文化传承发展座谈会上强调："在新的历史起点上继续推动文化繁荣、建设文化强国、建设中华民族现代文明，要坚定文化自信，坚持走自己的路，立足中华民族伟大历史实践和当代实践，用中国道理总结好中国经验，把中国经验提升为中国理论，实现精神上的独立自主。要秉持开放包容，坚持马克思主义中国化时代化，传承发展中华优秀传统文化，促进外来文化本土化，不断培育和创造新时代中国特色社会主义文化。"劳动是马克思主义基本原理的重要内容，劳动与中国实际相结合、与中华传统文化相结合，推动了中华文明兼容并蓄、赓续传承。鉴于劳动是学院的特色校园文化，我们有责任挖掘好过去的劳动文化，运用好宝贵的劳动资料，总结好身边的劳动故事，推动校本文化守正创新，为中国式现代化伟大事业贡献劳职力量。

本书聚焦劳动精神传承，把校史与人文素养教育相结合，增强了利用劳动模范、杰出校友传承劳动精神的针对性和实效性。学院党委书记孙众志、院长赵耀培高度重视，领导班子成员大力支持，相关职能部门和各系部通力配合，广大教师学生踊跃参与，为本书的编写付出了辛勤劳动和汗水。特别感谢周永同志为本书担任主审。囿于能力水平，修订编写小组在修订过程中会有这样那样的疏漏或不足，敬请读者、校友与有关专家、学者批评指正。

编　者
2023 年 7 月

目录
CONTENTS

第一部分

纪年校史篇

时光匆匆　岁月如歌

时光匆匆 岁月如歌

第一部分

纪年校史篇

槐荫校区鸟瞰图

一、学院概况

山东劳动职业技术学院（山东劳动技师学院）是山东省人力资源和社会保障厅直属的国办全日制普通高等院校和技师学院。

学院始建于 1955 年 1 月 18 日，是山东省劳动局创办的全省第一所技工学校（全国首批两所之一）；1990 年，创建全国第一所高级技工学校；2000 年，改建为山东劳动职业技术学院；2012 年，加挂山东劳动技师学院牌子。

国家批准高职教育办学规模为 1.2 万人，技工教育办学规模为 1 万人。学院现有全日制在校学生 1.6 万余人。学院是全国职业教育先进单位、国家技能人才培育突出贡献奖单位、国家高技能人才培养示范基地、国家技能根基工程培训基地、山东省首批技能型特色名校和山东省优质高等职业院校。

（一）办学硬件：设施先进、实力雄厚

山东劳动职业技术学院（山东劳动技师学院）是山东省人力资源和社会保障厅直属的全日制普通高等院校，始建于 1955 年。学院是全国职业教育先进单位、国家高技能人才培养示范基地、国家级专业技术人员继续教育基地、国家技能根基工程培训基地、山东省首批技能型特色名校、"山东省优质高等职业院校建设工程"立项建设单位、"国家技能人才培育突出贡献奖"获得单位、"山东省机械行业职业培训教育集团"牵头组建单位、山东省公共实训基地建设运营单位。

学院位于泉城济南，现有槐荫和长清两个校区，占地面积 1050 亩，建筑面积 49.7 万平方米，现有全日制在校学生 1.6 万余人。校内实习实训场地面积 95000 多平方米，实践基地、实训室 168 个，实习实训工位 6100 多个。教学科研仪器设备总值达 1.84 亿元，新建智能制造产线五轴数控、工业机器人、3D 打印、CAD 机械设计、货运代理、虚拟现实技术、电气自动化、新能源汽车等 20 多个高端实训室（中心）。

（二）专业建设：层次多样、优势明显

学院服务于山东省经济社会发展和产业结构升级需求，设有智能制造系、电气及自动化系、汽车工程系、信息工程系、现代城市系、工商管理系、劳动经济系、基础（体育）教学部、思想政治课教学部、技师部等 10 个教学系部。形成了"以智能制造专业为主体，电子信息类和现代服务类专业为两翼"的专业布局，重点建设智能制造、信息技术、自动化、汽车维保、现代商贸流通、城市艺术设计和智慧财经 7 个专业群，有 43 个高职招生专业面向全国招生。

（三）师资力量：双师素质、技能大师

学院现有教职工 690 人，其中教授 32 人、副教授 150 人，"双师型"教师占比 81.17%。享受国务院特殊津贴专家 2 人，泰山产业领军人才 1 人，全国技术能手 7 人，全国模范教师 1 人，国家级技能大师工作室领办人 1 人，省技术能手 87 人，获得省级荣誉称号教师 94 人，黄大年式教师团队 3 个，山东省"青创科技计划"创新团队 1 个。学院聘请包括山东省首批泰山产业领军人才赵峰、姜和信、王钦峰在内的中华技能大奖获得者，全国劳

动模范、全国技术能手等技能拔尖人才等，建立了14个技能大师工作室，发挥带徒传技和高端引领作用，实现技能大师的绝活儿传承。

（四）人才培养：双证特色、卓越技师

学院始终坚持"产训结合、校企合作、产学研结合"的办学特色和传统，使人才培养与生产实践、产品研发和教学研究有机结合，既育人才，又出产品和教科研成果。学院是全国率先实行"双证书"制度的高职高专院校，大专毕业生经考试合格，能同时获得大学专科学历证书和高级职业资格证书。近年推出"卓越技师"培养计划，10%的优秀学生组建卓越技师班，形成"专科学历＋技师资格"的高端技术技能人才培养标准和经验。

学院坚持"以赛促学、以赛促教、以赛促建"，是第44届、45届、46届世界技能大赛中国集训基地，被省人社厅确定为山东技能大赛研究中心。近三年来，学院在各级各类大赛中获300多个奖项。其中，国赛一等奖29项、二等奖31项，省赛一等奖85项。获得省级以上技术能手称号的师生数量居于全省职业院校前列。

（五）就业工作：校企合作、就业优先

学院不断深化产教融合、校企合作，是山东省校企一体化办学示范院校，其牵头成立的山东省机械行业职业培训教育集团获"全国示范性职业教育集团"称号。学院在320多家大中型企业建立校外实习基地，先后与联想集团、瑞典斯凯孚集团、豪迈集团、开泰集团、日立电梯等国际化企业合作共建专业，实现联合招生、共同培养、定向就业。与武汉华中数控股份有限公司、山东网商教育科技集团分别共建智能制造学院、数字经济学院。

学院凭借扎实的专业人才培养实力、良好的社会影响、优秀的毕业生质量形成了就业领域广、专业对口程度高、发展前景好的就业格局，就业率保持在98%以上。学院先后被评为"山东省高校就业工作先进单位""山东省高等学校创业教育示范校"，荣获"改革开放30年山东教育总评榜——最具就业推动力高职院校""高职院校品牌影响力50强""综合实力前十强国办高职""毕业生最受用人单位认可高校""最受网民欢迎高职院校"等称号。

（六）校园文化：卓越技能、出彩人生

学院秉承"卓越技能、出彩人生"的校训，聚焦劳动精神，打造劳动文化特色，融合吸收中华优秀传统文化和现代企业文化精华，培育学生的人文素质与职业素养。学院通过实行半军事化管理、实践教学7S管理、新生军训、安全教育、法制教育、心理健康教育、孝文化教育、经典诵读、知行讲坛、室廊文化、青年志愿者社会实践活动、社团活动、大学生科技文化艺术节、企业实习、技能竞赛等各种形式，推进学生的素质提升和道德实践，培养造就了大批德能兼备的高技能人才。

近七十年的职业教育实践和创新赋予学院深厚的底蕴和内涵。站在新起点上，学院将以习近平新时代中国特色社会主义思想为指导，深入贯彻习近平总书记关于教育工作的重要论述，落实立德树人根本任务，坚持"高端引领、特色立校、内涵发展、多元办学"的办学方针，为每一名学子铺就技能成才报国之路，努力培养德智体美劳全面发展的社会主义事业建设者和接班人。

二、历史沿革

山东省劳动局机器制造学校

山东省劳动厅半工半读中等技术学校

1955 年 1 月 18 日，山东省人民政府批准山东省劳动局筹建"山东省劳动局济南工人技术学校"。

1956 年 6 月，"山东省劳动局济南工人技术学校"在济南市经十路西段建成。同时，根据劳动部统一技校名称的通知，改名为"山东省劳动局工人技术学校"，并于 9 月 1 日正式开学。

1958 年 8 月，经山东省人民委员会批准，"山东省劳动局工人技术学校"改为中等专业学校，更名为"山东省劳动局机器制造学校"。

1962 年 7 月 23 日，经劳动部批准，"山东省劳动局机器制造学校"改名为"山东省劳动厅技工学校"。

1965 年 1 月 21 日，山东省编制委员会批复，"山东省劳动厅技工学校"改名为"山东省劳动厅半工半读中等技术学校"。

1966 年 4 月 23 日，经山东省编委批准，"山东省劳动厅半工半读中等技术学校"改名为"山东省劳动厅半工半读机械学校"，作为总校，下设济南、青岛、淄博、烟台、威海、潍坊、德州、聊城、济宁九所分校。

1969年3月15日,山东省革命委员会决定,将"山东省劳动厅半工半读机械学校"及所属九所分校,下放所在市、地革命委员会领导。

1969年11月7日,济南市革命委员会决定,"山东省劳动厅半工半读机械学校"改为"济南第六机床厂"。

1978年5月15日,山东省革命委员会决定恢复办校,"济南第六机床厂"改为"山东省劳动局技工学校",由省劳动局直接领导。

1979年2月16日,国家劳动总局、教育部联合通知,决定以"山东省劳动局技工学校"为基础,扩建"山东技工师范学院"(本科,1985年停建)。

1990年4月14日,经劳动部同意,山东省人民政府批准试办"山东省高级技工学校"。

山东技工师范学院

山东省高级技工学校挂牌

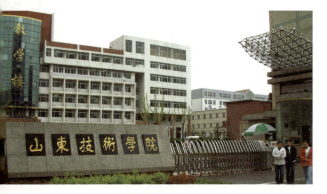

山东技术学院校门

槐荫校区校门

山东劳动技师学院挂牌

2000年6月8日,山东省人民政府批准"山东省高级技工学校"更名为"山东技术学院"(技工教育)。

2000年12月26日,山东省人民政府批准"山东技术学院"与"山东省轻工业技工学校"合并,组建"山东劳动职业技术学院"(高职教育),保留"山东技术学院"(技工教育)牌子。

2004年8月6日,山东省人民政府批准学院东校区(原山东省轻工业技工学校)分出,改建为"山东技师学院"(技工教育)。

2006年5月27日,为了解决继续举办技工教育的体制障碍,经山东省劳动和社会保障厅同意,学院恢复使用"山东省高级技工学校"牌子。

2012年9月30日,山东省人民政府批准,学院加挂"山东劳动技师学院"(技工教育)牌子。

三、领导关怀

1990 年 9 月，山东省委书记姜春云和省政协副主席翟永浡来校视察指导工作

1991 年 5 月 15 日，劳动部副部长令狐安来校视察指导工作

1991 年 6 月 25 日，中央顾问委员会委员原山东省委书记苏毅然、劳动部副部长李沛瑶、山东省委副书记副省长宋法棠、山东省政协副主席丁方明出席山东省高级技工学校成立大会

1991 年 6 月 25 日，中央顾问委员会委员原山东省委书记苏毅然、劳动部副部长李沛瑶为山东省高级技工学校揭牌

1992 年 7 月 17 日，劳动部副部长李沛瑶来校视察指导工作

1994年9月12日，劳动部副部长刘雅芝来校视察指导工作

1994年10月12日，山东省政协副主席、原山东大学校长吴富恒来校视察指导工作

1996年10月22日，劳动部副部长林用三和山东省委副书记副省长宋法棠出席我院40周年校庆

2000年4月23日，山东省人事厅厅长杨传升、山东省劳动和社会保障厅厅长李戈、山东省教育厅厅长滕昭庆来院视察指导工作

2006年10月20日，我院在长清新校区隆重举行建校50周年暨新校区启用庆祝大会。山东省委常委柏继民、山东省政协副主席王修智、山东省劳动和社会保障厅厅长矫学柏、全国劳动模范许振超为学院新校牌、新校标揭牌

2006 年 12 月 11 日，山东省副省长才利民来院视察指导工作

2007 年 7 月 16 日，山东省政协副主席王修智率省政协科教文卫体委员会视察团来院视察指导工作

2007 年 7 月 16 日，山东省政协副主席周鸿兴率省政协科教文卫体委员会视察团来院指导工作

2012 年 12 月 27 日，人力资源和社会保障部副部长信长星，山东省委组织部副部长，山东省人力资源和社会保障厅党组书记、厅长韩金峰到学院视察指导工作

2013 年 12 月 9 日，山东省委副书记王军民到学院视察调研并指导工作

四、历任领导

山东省劳动局工人技术学校（1956—1958）

校长：郑立夫（1956—1957）

校长：王焕文（1957—1958）

山东省劳动厅机器制造学校（1958—1962）

书记：张大武（1961—1962）

校长：刘子陵（1958—1962）

山东省劳动厅技工学校（1962—1965）

书记：张大武（1962—1965）

校长：刘子陵（1962—1963）

校长：李佑民（1963—1965）

山东省劳动厅半工半读中等专业学校（1965—1966）

书记：张大武（1965—1966）

校长：李佑民（1965—1966）

山东省劳动厅半工半读机械学校（1966-1969）

书记：张大武（1966—1969）

校长：李佑民（1966—1969）

济南第六机床厂（1969—1975）

党委书记、革委会主任：张大武（1973—1975）

山东省劳动局技工学校（1978—1979）

书记：刘兴立（1978—1979）

校长：高玉峰（1978—1979）

山东技工师范学院（1979—1985）

书记：亓仲文（1979—1980）

副书记、副院长：钮新农（1979—1981）

副书记、副院长：孙朴风（1979—1984）

副书记、副院长：殷华元（1980—1985）

副院长：刘元吉（1979—1985）

副院长：刘兴立（1979—1985）

副院长：朱存仁（1980—1985）

山东省劳动局技工学校（1985—1991）

书记：芦广增（1985—1991）

校长：徐明林（1985—1991）

山东省高级技工学校（1991—1995）

书记：于甲戌（1991—1995）

校长、副书记：李起源（1991—1995）

副书记：芦广增（1991—1995）

副校长：徐明林（1991—1995）

副校长：马义荣（1991—1995）

副校长：孙兆霖（1991—1995）

副校长：李泗阳（1991—1995）

纪委书记：殷国瑞（1991—1995）

山东省高级技工学校（1995—2000）

书记：王平福（1995—2000）

校长、副书记：徐明林（1995—2000）

副书记、副校长：马义荣（1995—2000）

副校长：孙兆霖（1995—1996）

副校长：李泗阳（1995—1996）

副校长：金柏芹（1997—2000）

纪委书记：殷国瑞（1995—2000）

山东技术学院（2000.6—2000.12）

书记：吕殿美（2000.6—2000.12）

院长、副书记：马义荣（2000.6—2000.12）

副院长：金柏芹（2000.6—2000.12）

纪委书记：殷国瑞（2000.6—2000.12）

山东劳动职业技术学院（2001—2006.2）

书记：吕殿美（2001—2006.2）

院长、副书记：马义荣（2001—2006.2）

副书记：彭学政（2001—2004）

副书记、纪委书记：王兴军（2001—2006.2）

副院长：金柏芹（2001—2006.2）

副院长：王九府（2001—2004）

副院长：王韶明（2001—2006.2）

副院长：胡涌（2005—2006.2）

山东劳动职业技术学院（2006.2—2009.5）

书记：孙云早（2006.2—2009.5）

院长、副书记：马义荣（2006.2—2009.6）

副书记：王兴军（2006.2—2009.5）

副院长：金柏芹（2006.2—2008.11）

副院长：王韶明（2006.2—2009.5）

副院长：胡涌（2006.2—2009.5）

副书记、纪委书记：方成健（2007.2—2009.5）

副院长：周峥（2007.2—2009.5）

院长助理、党办（院办）主任：李华宾（2007.2—2009.5）

山东劳动职业技术学院（2009.5—2011.6）

书记：孙云早（2009.5—2011.6）

院长、副书记：张友山（2009.5—2011.6）

副书记：王兴军（2009.5—2011.6—2012.7）

副院长：王韶明（2009.5—2011.6—2012.11）

副院长：胡涌（2009.5—2011.6）

副书记、纪委书记：方成健（2009.5—2012）

副院长：周峥（2009.5—2011.6）

院长助理、党办（院办）主任：李华宾（2009.5—2011.6）

山东劳动职业技术学院（山东劳动技师学院）（2011.6—2017.1）

书记：崔秋立（2011.6—2017.1）

党委副书记、院长：张友山（2011.6—2016.8）

党委副书记：王韶明（2012.12—2017.1）

党委委员、副院长：胡涌（2011.6—2016.11）

党委委员、副院长：周峥（2011.6—2017.1）

党委委员、副院长：李华宾（2012.12—2017.1）

党委委员、纪委书记：许有财（2012.12—2017.1）

副院长（挂职）：潘文勇（2015.4—2016.4）

山东劳动职业技术学院（山东劳动技师学院）（2017.2—2021.6）

党委书记：曹体和（2017.2—2021.6）

党委副书记、院长：许明道（2017.2—2021.6）

党委副书记：王韶明（2017.2—2021.6）

党委委员、纪委书记：胡涌（2017.5—2018.10）

党委委员、副院长：周峥（2017.2—2019.11）

党委委员、副院长：田文太（2019.11—2021.6）

党委委员、副院长：李华宾（2017.2—2021.6）

党委委员、副院长：许有财（2017.5—2021.6）

党委委员、副院长：刘爱林（2017.5—2021.6）

党委委员、纪委书记：王军（2019.12—2021.6）

党委委员、组织统战部部长：王洪彩（2020.9—2021.6）

党委委员、宣传部部长：张丽芳（2020.9—2021.6）

山东劳动职业技术学院（山东劳动技师学院）（2021.6—2023.1）

党委书记：孙众志（2021.6—2023.1）

党委副书记、院长：许明道（2021.6—2023.1）

党委副书记：王韶明（2021.6—2023.1）

党委委员、副院长：田文太（2021.6—2023.1）

党委委员、副院长：李华宾（2021.6—2023.1）

党委委员、副院长：许有财（2021.6—2023.1）

党委委员、副院长：刘爱林（2021.6—2021.12）

党委委员、纪委书记：王军（2021.6—2023.1）

党委委员、组织统战部部长：王洪彩（2021.6—2023.1）

党委委员、宣传部部长：张丽芳（2021.6—2023.1）

山东劳动职业技术学院（山东劳动技师学院）（2023.2—　）

党委书记：孙众志（2023.2—　）

党委副书记、院长：赵耀培（2023.2—　）

党委副书记：王韶明（2023.2—2023.4）

党委副书记：李华宾（2023.5—　）

党委委员、副院长：田文太（2023.1—2023.6）

党委委员、副院长：许有财（2023.2—　）

党委委员、副院长：张丽芳（2023.5—　）

党委委员、副院长：王毅（2023.5—　）

党委委员、副院长：靳建国（2023.5—　）

党委委员、纪委书记：任洪亮（2023.5—　）

党委委员、组织统战部部长：王洪彩（2023.2—　）

党委委员、宣传部部长：宋爱全（2023.5—　）

山东劳动职业技术学院（山东劳动技师学院）（2023.2—　）领导班子成员

五、荣誉资质

- 山东省职业技术教育先进集体（1991 年）

- 国家重点技工学校（1994 年）

- 山东省技工学校校长定点培训单位（1995 年）

- 山东省青年岗位技能培训中心（1995 年）

- 国家职业技能鉴定所（1996 年）

- 山东省卫生先进单位（1999 年）

- 国家级职业培训师资培训基地（2002 年）

- 全国职业教育先进单位（2002 年）

- 国家级高等职业教育机电类实训（师资培训）基地（2002 年）

- 山东省技师培训基地（2003 年）

- 全国技工院校骨干师资培训基地（2003 年）

- 山东省青春创业行动示范基地（2003 年）

- 国家级数控技术示范性实训基地（2005 年）

- 山东省骨干示范性职业技术学院（2005 年）

- 山东省高校文明校园（2005 年）

- 山东省高校平安校园（2006 年）

- 国家高技能人才骨干师资示范培训基地（2007 年）

- 济南市安全培训机构特种作业安全培训资质（2007 年）

- 济南市"金蓝领"项目培训基地（2008 年）

- 济南市花园式单位（2008 年，2012 年）

- 山东省德育工作优秀高校（2008 年）

- 国家高技能人才培养示范基地（2008 年）

- 全国技工院校一体化课程教学改革试点单位（2009 年）

- 山东省招标师培训基地（2009 年）

- 山东省中等职业学校骨干师资培训基地（2011 年）

- 山东省高校校园绿化管理工作达标单位（2011 年）

- 山东大学生创业就业服务基地（2011 年）

- 山东省大学生创业教育示范院校（2011 年）

- 全省高校毕业生就业工作先进集体（2012 年）

- 国家技能人才培育突出贡献奖（2012 年）

- 山东省首批技能型特色名校建设单位（2012 年）

- 山东省职业教育先进集体（2012 年）

- 国家级高技能人才培训基地（2012 年）

- 山东省大学生资助工作先进单位（2012 年）

- 山东省机械行业职业培训教育集团（2013 年）

- 山东省高职院校单独招生改革试点院校（2013 年）

- 人社部现代制造技术培训基地（2013 年）

- 国家邮政行业特有工种职业技能鉴定站（2013 年）

- 山东省"3+2"专本对口贯通分段培养试点院校（2014 年）

- 2015 年名校建设通过验收（2015 年）

- 山东省现代学徒制试点院校（2016 年）

- 山东省新型学徒制试点院校（2016 年）

- 山东省技工教育特色名校（2017 年）

- 山东技能大赛研究中心（2017 年）

- 山东省省直文明单位称号（2017 年）

- 山东省第 45 届世赛国家集训基地（2018 年）

- 山东省教育系统先进基层党组织（2019 年）

- 山东省第二批优质高等职业院校建设单位（2019 年）

- 山东省省级文明单位称号（2019 年）

- 山东省优秀传统文化传承基地（2019 年）

- 全国首批 1+X 证书制度试点院校（2019 年）

- 国家示范性职业教育集团（联盟）培育单位（2019 年）

- 山东省优质协同创新中心（2020 年）

- 国家级高技能人才培训基地（2020 年）

- 山东省中华经典诵吟特色学校（2021 年）

- 示范性职教集团培育单位（2021 年）

- 第 46 届世赛国家集训基地（2021 年）

- 国家技能根基工程培训基地（2022 年）

- 山东省高等学校科技成果转化和技术转移基地（2022 年）

- 山东省科普教育基地（2023 年）

媒体评价 社会公认

- 《齐鲁晚报》、大众网：教育改革 30 年山东教育总评榜——最具就业推动力高职院校（2009 年）

- 《齐鲁晚报》：职业教育阳光招生品牌榜——最具就业推动力高职院校（2010 年）

- 《齐鲁晚报》：职业教育阳光招生品牌榜——诚信招生品牌高职院校（2010 年）

- 《大众日报》、大众网：山东十佳求学高校（高职）评选——优势专业十佳高校（2010 年）

- 《大众日报》、大众网：山东十佳求学高校（高职）评选——就业前景十佳高校（2010 年）

- 《齐鲁晚报》：年度综合实力前十强典范国办高职院校（2013 年）

- 《齐鲁晚报》：年度最具推动力典范国办高职院校（2013 年）

- 新浪网：2014 年度最受网民欢迎高职院校

- 新浪网：2014 年度最具就业竞争力高职院校

- 新浪网：2015 年度最具办学特色高职院校

- 新浪网：2015 年度最受网民欢迎高职院校

- 《齐鲁晚报》：2020 年度融媒传播最具影响力高校（2020 年）

- 《齐鲁晚报》：2021 年度融媒传播行业引领高校（2021 年）

- 山东省互联网传媒集团：2021 年度山东最佳社会声誉高校

- 山东省互联网传媒集团：2021 年度山东最佳社会声誉技师学院

- 山东省互联网传媒集团：2021 年度最具影响力教育政务融媒体（高职院校榜）

- 山东省互联网传媒集团：2021 年度最具影响力教育政务融媒体（技师院校榜）

全国职业教育先进单位

中华人民共和国教育部
中华人民共和国劳动和社会保障部
中华人民共和国国家经济贸易委员会
二〇〇二年七月

国家技能人才培育

突出贡献奖

中华人民共和国人力资源和社会保障部
二〇一二年

国家高技能人才培养示范基地

中华人民共和国人力资源和社会保障部制

国家职业技能鉴定所

中华人民共和国劳动部制

国家级职业培训师资

培训基地

中华人民共和国劳动和社会保障部制

山东省技师培训基地

山东省劳动和社会保障厅制

文 明 校 园

中共山东省委高校工委
山东省教育厅
二〇〇五年六月

平 安 校 园

中共山东省委高校工委
山东省教育厅
二〇〇六年十二月

德育工作

优秀高校

中共山东省委高校工委
二〇〇八年七月

全省高校毕业生就业工作

先进集体

山东省人力资源和社会保障厅
山 东 省 教 育 厅
二〇一二年五月

山东省大学生创业教育

示范院校

山东省人力资源社会保障厅　　山东省教育厅
二〇一一年一月

山东省技工教育特色名校

山东省人力资源和社会保障厅　山东省财政厅

山 东 省 教 育 厅 文件
山 东 省 财 政 厅

鲁教高字〔2012〕14号

山东省教育厅 山东省财政厅
关于公布山东省名校工程首批立项
建设单位的通知

有关高等学校：

为深入贯彻国家和省中长期教育改革和发展规划纲要精神，全面落实《山东省高等教育内涵提升计划（2011-2015年）》，引导高校面向经济和社会发展的实际需要，准确定位，特色发展，不断提高办学水平和人才培养质量，山东省教育厅、财政厅研究制订了《山东省高等教育名校建设工程实施意见》（鲁教高字〔2011〕14号），立足于人力资源市场的多元化需求，在山东省地方高校中重点建设若干所不同类型的人才培养特色名校。

技能型特色名校立项建设单位：**山东劳动职业技术学院（12329）**、莱芜职业技术学院（12330）、济宁职业技术学院（12335）、潍坊职业学院（12391）、聊城职业技术学院（12441）……

2012年11月5日

六、校史撷英

（一）技工学校的诞生

学院是经劳动部批准并在苏联专家直接指导下创办的全国最早的两所技工学校之一，也是山东省劳动局创办的全省第一所技工学校。建校60多年来，学院走出了一条具有中国特色的职业教育发展道路，为我国的技能人才培养和职业教育创新做出了突出的贡献。

新中国成立以后，国家大规模经济建设对熟练技工的要求日益增多。为了适应这一形势的发展，根据中央劳动部"举办技工学校培养新型的后备技工，成为今后劳动部门基本任务之一"的指示精神，山东省

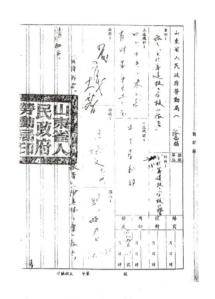

筹建报告——封面

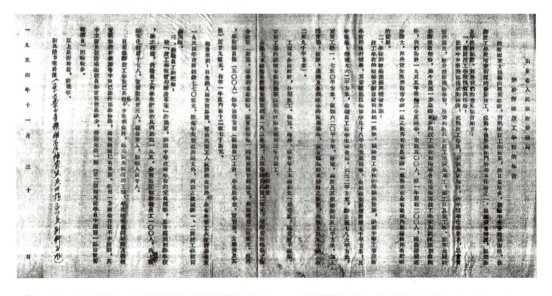

筹建报告——正文

人民政府劳动局于1954年10月30日，向中共中央山东分局、山东省人民政府正式提出了"关于筹建技工学校"的请示报告。

1955年1月18日，山东省人民政府财政经济委员会函复山东省劳动局："同意你们首先重点试办一处技工学校，以便取得经验，逐步发展。"

1955年4月19日，劳动部批复技校基本建设计划任务书。8月中旬，学校在济南市经

批件——封面   批件——正文

十路西段开工兴建。

1956 年 8 月，经过一年多的建设，学校落成。在占地面积 63800 平方米的校区，建起教学主楼 3564 平方米，实习工场 3491 平方米，学生宿舍 2442 平方米，教职工宿舍 3555 平方米，附属工程 924 平方米，总建筑面积为 13976 平方米。教学准备工作与基本建设同步进行，实习工场购进各种机器设备 126 台。

1956 年 9 月 1 日，山东省劳动局济南工人技术学校正式开学。学校办学规模为 450 人，当年招生 328 人。学校设置车工、钳工、铣工、磨工、锻工五个专业工种，学制两年，培养目标为四级技术工人。

首任校长郑立夫，副校长王希周、赵炘平，首任教育科长张维民，总务科长孟庆昆，实习工场主任翟向前。学校共有教职工 98 名，其中，技术理论和生产实习教员 39 名。

后根据劳动部《关于统一规定劳动部门技校名称的通知》，学校改名为"山东省劳动局工人技术学校"。

2010 年 1 月 15 日，学院党委发文（鲁劳职院党〔2010〕1 号）确定 1955 年 1 月 18 日为建校日，每年的 1 月 18 日为建校纪念日。

附录：

《山东省人民政府劳动局关于筹建技工学校的报告》全文

随着国家大规模的经济建设，对熟练技工的需要，将日益增多。根据中央劳动部指示，举办技工学校培养新型的后备技工，成为今后劳动部门的基本任务之一。根据我省情况，认为应及早筹备举办。兹将我们的意见报告如下：

一、关于技工学校的性质与任务

依照中央劳动部指示的精神，此种技工学校，必须是正规的，合乎标准化的要求，以实习操作为主，结合技术理论学习，培养四级以上技工，主要是车工、钳工以及锻工等。当前是开始举办获取经验，为今后进一步举办较多的技工学校和指导各企业现有技工学校与训练班创造条件。我们拟于1955年第三季度开学，定为500人，第一年招收200人。随后按期逐步扩大。并决定先与济南市合办一处之后，再在青岛举办一处，将来在全省范围内根据条件有计划地发展。

二、学校的建筑规模与经费来源

技工学校的建筑定额目前尚无统一标准。根据技工学校的特点和需要，参照中等工业技术学校的现行标准，其定额应以每个学生18平方米为标准。全校建筑面积将建9000平方米，其中包括：教室962平方米，教职员工和学生宿舍4432平方米，办公室786平方米，实习工场1750平方米，饭厅620平方米，浴室、厕所及其他建筑450平方米。加上体育场、校园、道路及各项建筑的附属场地，并考虑到将来发展之需要，共需土地50亩（近29000平方米）。

工程可全面设计，分期施工。教室、场房、宿舍等土木工程先一起完成。礼堂暂不建筑。实习工场的机械安装则应根据招生计划分期于三年内竣工。

全部土木建筑和机械安装需经费183亿元。土地征费和设计费约需2亿元。开办费和仪器、宿舍设备（教室、宿舍的木器设备、体育设备等）经费需约20亿元。共需经费200亿元。此外，学校满员后（500人），每年需要经常费（教职员工工资，学生助学金、实习费、公杂费及其他）近29亿元。在第一年度内，需12亿7000万元。

经费来源：在未纳入国家预算之前，暂由失业工人救济基金解决。全省失业工人救济基金至1954年底将结余770亿元。除每年失业救济开支外，所余之钱开办一两所技工学校尚无困难。

三、教职员工的配备

按《技工学校暂行办法草案》的规定，参照中等技术学校的定员标准，并考虑到初筹学校缺乏经验，教职员工与学生配备的比例应为1比5。全校需配备教职员工100人。内：技术理论文化教员17人，实习教员33人，职员30人，勤杂人员20人。

目前举办技工学校已具备不少有利条件，这主要是训练的工种、学生结业后的出路及机械安装和教材供应等中央已应许协助解决，建设经费已有来源。但另一方面也存在不少困难，其中主要是缺少技术理论教员和实习教员，特别是第一期（第二期即可从学员中选留一部分实习辅导员）困难较多。

以上是否有当，请批示。

附具体方案于后。（略）

一九五四年十一月三十日

第一届学生与老师的合影

（二）高级技工学校的创建

随着改革开放的深入，工人队伍中达到技术等级标准的高级工严重不足，已影响到企业产品质量和经济效益的提高。在高级技工学校创立之前，我国的高级工都是在生产实践中自然成长起来的。这种方法已远不能适应经济发展的需要，必须探索一条通过学校更多、更快、更好地培养高级技工的路子。

1. 试办高级技工班

1985年7月17日，经山东省劳动局批准，学校开始试办机械装配与修理专业高级技工班。当年，面向省内18所技校的钳工专业应届毕业生，按1：3的比例，招生41名，学制两年。

1985级高级技工实验班毕业合影

1986年10月15日至16日，在举行建校30周年庆祝活动期间，我校在省劳动局主办的"高级技工培训研讨会"上介绍了试办高级技工班的体会。

1987年7月，首届机械装配与修理专业高级技工实验班学生毕业，受到用人单位的欢迎。这为创办高级技工学校奠定了基础。

2. 创建高级技工学校

1989年12月13日，山东省劳动局就我校试办高级技工学校问题向劳动部提出《关于试办高级技工学校的请示》（鲁劳培字〔1989〕547号）。

1989年12月20日，劳动部《关于同意试办高级技工学校的批复》（劳培字〔1989〕35号），批准试办山东省高级技工学校和烟台市高级技工学校。

1990年2月2日，山东省劳动局就筹建高级技工学校向山东省人民政府提出《关于筹建高级技工学校有关问题的请示》（鲁劳培字〔1989〕55号）。

1990年4月14日，山东省人民政府《关于同意试办山东省高级技工学校和烟台市高级技工学校的批复》（鲁政函〔1990〕38号），明确两校的主要任务是为企业培养高级技术工人，不属于高等学历教育。主要招收具有中等职业技术学校毕业学历或同等学力，达到中级技工水平的在职工人，也可适量招收技工学校应届毕业生，学制为两年。

学生在校学习期间，属在职工人的，原单位照发工资，计算工龄；属技工学校毕业生的，按规定享受人民助学金。学生毕业后，原则上回原单位工作，也可分配一部分从事技工学校和企业职工培训机构的生产实习教师工作，工人身份不变。

山东省高级技工学校的领导班子按副厅级单位配备，仍属省劳动局领导。省政府批文也同时明确山东省高级技工学校以山东省劳动局技工学校为基础改建，并保留附设技工部。所需经费按原渠道解决。拟定最初招生规模为600人，开设金属切削、机械装配与修理、锻压、铸造、电气工程和烹饪等6个专业。

1990年5月21日，山东省劳动局成立山东省高级技工学校筹建领导小组（鲁劳人字〔1990〕235号），筹建小组由马承悌、李起源、于甲戌、王直平、芦广增、徐明林等同志组成。马承悌任组长，李起源兼任办公室主任。

山东省高级技工学校首届领导班子成员

1990年暑期，学校正式开始招生。8月23日，高级部1990级121名学生入学报到。

1990年9月11日，省编委（鲁编〔1990〕184号）对山东省劳动局关于省高级技校机构编制问题的报告作了批复，决定学校设党委办公室、校长办公室、人事保卫处、教务处、总务处、学生处、培训部。学校教职工编制244人，设处长7人，副处长10人。实习工厂为副处级单位，企业编制 700 人，配厂长 1 人，副厂长 2 人。

1991 年 3 月 13 日，中共山东省委（鲁任〔1991〕21 号）批准于甲戌同志任中共山东省高级技工学校党委书记；同意提名李起源同志任山东省高级技工学校校长。

1991 年 3 月 25 日，山东省人民政府（鲁政任〔1990〕2 号）任命李起源同志为山东省高级技工学校校长。

3. 山东省高级技工学校成立大会

1991 年 6 月 25 日，山东省劳动局在我校礼堂主持召开"山东省高级技工学校成立大会"。劳动部和山东省六大班子的领导同志，山东省有关部委的领导同志，京、津、沪、苏、冀等省、市劳动厅（局）长和全国 23 所职业院校、高培中心的领导同志、专家学者参加大会。大会由山东省劳动局副局长徐书敬主持，中顾委委员苏毅然和劳动部副部长李沛瑶为校牌揭幕，山东省劳动局牛耀宗局长作学校筹建情况的报告。李沛瑶副部长、宋法棠副省长、苏毅然委员讲话。李起源校长代表全校师生员工表示了不负重托、团结建校的决心。

从当晚起，山东电视台、山东广播电台、中央电视台相继播发了成立大会的盛况，《光明日报》《中国劳动报》《中国教育报》《大众日报》《济南日报》《齐鲁晚报》《山东青年报》《山东工人报》《技工教育》等媒体陆续作了报道。

成立大会后，劳动部培训司在我校召开了全国高级技工学校研讨会。部分省、市劳动厅（局）长和职业院校的领导、专家参加了研讨会。

山东省高级技工学校成立大会会场

4. 通过劳动部的评审验收

1992 年 7 月 10 日至 22 日，劳动部组织评审团来我校评审、验收高级技工学校办学情况。

评审团专家通过观摩学生的"应知""应会"考试及毕业答辩，召开学生、教师、管理人员座谈会等活动来进行评分验收。

考核结果：山东省高级技工学校第一届毕业生全部取得毕业生书。参加全省统一组织的技术等级考试考核，有 47 名取得 6 级、68 名取得 7 级、6 名取得 8 级技术等级证书，达到 7、8 级高级工水平的 74 名，占毕业生总数的 61.7%，技术等级水平平均提高两级半。

评审团对我校的基本评价是："山东省高级技工学校办学条件基本具备，教师队伍特别是生产实习教师队伍比较强，生产实习设备特别是机电加工设备比较齐全，并且具备有一定技术复杂程度的生产实习产品，既保证了学生的基本功训练，又克服了纯消耗性实习的缺点。学校经过两年的精心组织，使学生基本上达到了高级技工的水平。采用学校正规教育来培养高级工，可以加速高级技工的培养过程，是可取的，创造了应届中技毕业生可直接培养为高级工的路子。两年的实践证明是可行的，是完全可以达到的。"专家评审对我校教学管理、教学方法、技能训练、学生管理等方面都给予了较高评价。

1992 年 7 月 17 日上午，劳动部副部长李沛瑶观看了我校 1990 级学生"应知""应会"考试，听取了高级技校评审工作的汇报，并在评审总结会上说"这是一条具有中国特色的培养高级技工的路子，通过学校培养两年也可以达到高级工水平"。他对学校的试办工作给予了充分肯定，认为我校成功地闯出了一条通过学校正规教育的形式加快高技能人才培养的路子。

参加评审工作的领导有：劳动部培训司司长李亨业、山东省劳动局局长牛耀宗、山东省劳动局培训处处长王希臣、劳动部培训司副处长王竞、劳动部培训司副处长刘康。理论组专家有：天津职业技术师范学院副院长薛景文、航空航天部教育司处长张齐贤、冶金部鞍山高级技工培训中心高级讲师汤迅。实习组专家有：沈阳重机厂高级技师杨永智、济南汽车制造总厂专用设备厂高级技师张伟、济南第四机床厂技师金明善。

评审后，中央电视台、山东电视台以及《中国教育报》《中国青年报》《大众日报》《济南日报》《技工教育》等新闻单位陆续作了报道。

5. 引领和示范

我校在高级技工学校的培养目标、招生对象、专业设置、学制和办学形式、教学计划与大纲、教材建设、操作技能训练条件和教学手段、教学方法、毕业生考试考核以及学业管理等方面不断进行探索和总结，形成了高级技校办学的成熟经验，对全国高级技校的发展起到了引领和示范作用。

1994 年 9 月 14 日，出席国际劳工组织亚太技能开发署和我国劳动部联合召开的亚太地区产训结合研讨会的 50 多位中外高级官员和专家，在劳动部和山东省劳动厅有关领导陪同下专程来校参观。

亚太地区产训结合研讨会会场

1996 年 10 月 22 日，我校举办庆祝建校 40 周年大会。劳动部李伯勇部长发来贺信。参加活动的领导有山东省委副书记、山东省常务副省长宋法棠、劳动部副部长林用三、山东省人大常务副主任严庆清等。

1996 年 10 月 23 日至 25 日，全国高级技工学校工作研讨会在我校召开。10 多个部委、8 个省市劳动局及 11 所试点高级技工学校的领导和专家参加研讨会。劳动部职业技能开发司司长张小健出席研讨会，山东省劳动厅副厅长吴鹏在会上介绍了山东省试办高级技校的经验。我校等 5 所高级技校也分别在会上介绍了办学经验。

全国高级技工学校研讨会会场

1996 年 11 月 5 日，在广西柳州召开的中国职业教育和职业培训协会技校委员会第八次年会上，徐明林校长当选为第四届理事会常务副主任委员兼秘书长。中国职协技校委员会前身是 1985 年 3 月在江苏省无锡市成立的全国技工学校联合组织。我校是创始成员单位，有关领导曾担任历届副主任委员和常委。

1997 年 1 月 1 日至 2000 年 12 月，中国职协技校委员会秘书处由上海迁址至我校期间，由于我校的积极工作，促进了成员单位之间的信息沟通、经验交流和经济协作，并承办了中国职协委托的工作，就技工教育中的问题反映情况、提出建议，为我国的技工教育事业改革与发展做出了突出贡献。

（三）建设高职院校

1999 年教育部出台的《面向 21 世纪教育振兴行动计划》指出："对于学历高等职业教育，除对现有高等专科学校、职业大学和独立设置的成人高校进行改革、改组和改制，并选择部分符合条件的中专改办（简称"三改一补"）发展高等职业教育之外，部分本科院校可以设立高等职业技术学院，基本不搞新建。挑选 30 所现有学校建设示范性职业技术学院。发展非学历高等职业教育，主要进行职业资格证书教育。要逐步研究建立普通高等教育与职业技术教育之间的立交桥，允许职业技术院校的毕业生经过考试接受高一级学历教育。"

20 世纪 90 年代的后半期，我国的高级技工学校也有 100 多所，在职教方面基本形成了一支比较大的力量，解决了中级技校毕业生的继续深造问题。但是在全国高校扩招的大背景下，高级技校的生源质量和数量仍然受到较大影响。为此，我校决定抢抓机遇，改建高等职业院校，按照两条腿走路的思路实现新的跨越。

一条是通过学校—山东省劳动厅—山东省政府，提出把山东省高级技工学校更名为"山东技术学院"，定位为非学历高等职业教育，主要进行职业资格证书教育。经劳动部（劳社厅函〔1990〕104 号）同意，2000 年 6 月 8 日，山东省政府（鲁政字〔2000〕175 号）批准我校更名为"山东技术学院"。更名后，学校教学体制、培养目标、机构设置、编制、隶属关系、经费形式等均不变。

一条是向山东省劳动和社会保障厅、山东省教育厅及山东省政府申请在我校设立"山东职业技术学院"。1999 年 12 月 3 日，学校成立"山东职业技术学院"筹建规划领导小组，把筹建工作作为中心工作，积极进行筹备。筹建工作得到了山东省委、省政府、省劳动和社会保障厅以及省教育厅领导的关心和支持。山东省劳动和社会保障厅李戈厅长亲自协调山东省政府和山东省教委对我校申办工作给予重视和支持。邵桂芳副省长亲自听取筹建工作的汇报，并做出具体指示。山东省委高校工委书记、山东省教委滕昭庆主任专门来学校进行考察。

在筹备的过程中，国家教委高教司、职教司和劳动部培训司的领导都对我校设立山东职业技术学院进行考察和评估，对学校工作做了充分肯定：办高职的标准基本达到；学校有一支很强的教师队伍；"产教结合"好，很有特色。

2000年2月17日，学校向山东省劳动和社会保障厅提出《关于申请设立"山东职业技术学院"的请示》（鲁高技〔2000〕35号）。

由于山东省委、省政府的高度重视，省劳动和社会保障厅、省教育厅的大力支持，以及学校师生员工的积极努力，2000年4月，学校通过了省教育厅高职专业招生专家组对高职专业招生筹备情况的评估；5月15日，省教育厅同意我校举办高职大专班（鲁教招字〔2000〕8号），暂开设机械制造工艺及设备、电气技术、计算机应用、劳动和社会保障四个专业，面向技工学校毕业生单独组织招生；5月25日，省劳动和社会保障厅在我校召开"高职大专面向技校毕业生招生工作座谈会"；6月14日，省劳动和社会保障厅向省政府转报我校关于设立山东职业技术学院的请示（鲁劳社发〔2000〕153号）；6月19日至20日，省教育厅专家评估组对我校设立高职学院筹备工作进行了评估检查；6月27日至30日，我校进行首届高职大专招生考试；12月26日，省政府印发《关于同意设立山东劳动职业技术学院的批复》（鲁政字〔2000〕338号）。该文批复省劳动和社会保障厅以及省第一轻工总会，同意将山东技术学院与山东省轻工业技工学校合并组建山东劳动职业技术学院。文件指出，山东劳动职业技术学院系专科层次的全日制普通高等学校，由省劳动和社会保障厅主管，省教育厅负责教育、教学管理；山东劳动职业技术学院为副厅级事业单位，实行校、系两级管理；山东劳动职业技术学院以实施专科层次职业技术教育为主，同时承担高、中等技工培养和其他短期培训任务，全日制专科在校生规模暂定为3000人；山东劳动职业技术学院的事业费和基本建设经费由省财政、计划部门负责。

2001年10月28日至29日，教育部专业教学改革专家评估组一行7人对我院机械制造工艺及设备专业改革试点工作进行考察评估，对我院的专业教育改革试点工作给予充分肯定，并建议将我院机械制造工艺及设备专业列为教育部专业教学改革试点专业。

2002年4月，教育部发出通知（教高司函〔2002〕71号），批准177个专业为第三批部级高职高专教育专业教学改革试点专业，我院机械制造工艺及设备专业榜上有名。

2002年7月29日至30日，全国职业教育工作会议在北京召开。我院被授予"全国职业教育先进单位"荣誉称号。

2002年10月28日至31日，全国高职高专产学研结合经验交流会在湖南永州召开。我院金柏芹副院长一行4人参加大会并作典型发言。11月28日至12月1日，教育部在北京举办高等职业院校管理干部培训班，我院再次被列为介绍经验的单位之一。

2002年12月9日，教育部（教高〔2002〕11号）确定第一批国家高职教育机电类实训（师资培训）项目基地，我院榜上有名。

2004年8月6日，山东省人民政府批准学院东校区（原山东省轻工业技工学校）分出改建"山东技师学院"（鲁政字〔2004〕423号）。

2004年12月6日至10日，山东省教育厅"高职院校及成人高教人才培养工作评估"

专家组一行 8 人来我院检查评估，从我院办学理念等 9 个方面给予肯定，并提出 4 项意见和建议。

山东劳动职业技术学院人才培养工作水平评估汇报会会场

2005 年 2 月，山东省教育厅启动"十百千"工程，计划用 3 至 5 年的时间，在全省建成 10 处职业教育实训基地，建设 100 所高标准骨干示范性中等职业学校和 10 所骨干示范性职业技术学院，建设 1000 个具有现代职业教育特色的示范专业（点），带动全省职业教育整体水平的提高。我院确定为省级骨干示范性职业技术学院建设单位。此外，我院的电气技术专业被确定为省级高等职业教育示范专业。

2005 年 3 月 14 日，中央人才工作协调小组高技能人才联合调研组一行 5 人来我院就高技能人才培养工作进行调研。

中央人才工作协调小组高技能人才工作调研座谈会会场

2005 年 4 月 16 日，教育部高等教育教学评估中心副主任李志宏一行 3 人来我院调研并指导工作。

2005 年 4 月 20 日至 21 日，教育部高职高专人才培养工作水平评估专家组一行 5 人来我院就人才培养工作水平情况进行复评。专家们对我院的人才培养和办学特色给予充分肯定和高度评价，学院顺利通过评估抽查。

全国高职院校人才培养工作水平评估抽查座谈会会场

2010年10月27日至10月30日，山东省教育厅派出专家组一行9人，对我院的人才培养工作进行了为期4天的现场考察评估。在10月30日上午召开的人才培养工作评估反馈会上，专家组在充分肯定了我院成绩的同时，对学院发展中存在的问题以及出现问题的深层次原因进行了分析，对学院今后的建设与发展提出了意见和建议。

山东劳动职业技术学院人才培养工作评估反馈会会场

2012年3月6日至7日，山东省教育厅人才培养工作评估回访专家组一行4人，对我院进行了为期两天的评估回访。专家组听取了学院评建工作汇报，实地查看了学院的办学设施，进行了访谈和座谈，组织了课程建设研讨会。专家组反馈意见中对我院评估整改取得的成绩给予了高度评价。

2012年4月26日，按照山东省委组织部和省人社厅统一安排，"高技能人才在山东"集中宣传活动新闻采访团到我院采访。山东电视台、人民网以及《大众日报》《山东工人报》《山东青年报》《齐鲁晚报》等媒体的记者围绕我院在高技能人才培养方面的工作进行了广泛深入的采访。

2013 年 3 月 4 日,山东省教育厅发布《关于同意山东劳动职业技术学院等 11 所院校试行单独招生的批复》(鲁教学发〔2013〕1 号)。作为单独招生改革试点院校,我院也因此成为全省唯一可面向高中、职高、中专、职专、技校毕业生单独招生的高职院校。

(四)山东省高等教育名校建设

2012 年 11 月 5 日,山东省教育厅、财政厅联合发出通知(鲁教高字〔2012〕14 号),公布山东省名校工程首批立项建设单位。我院入选山东省首批技能型特色名校立项建设单位。

为深入贯彻国家和山东省中长期教育改革和发展规划纲要精神,全面落实《山东省高等教育内涵提升计划(2011—2015 年)》,引导高校面向经济和社会发展的实际需要,准确定位,特色发展,不断提高办学水平和人才培养质量,山东省教育厅、财政厅研究制定了《山东省高等教育名校建设工程实施意见》(鲁教高字〔2011〕14 号),立足于人力资源市场的多元化需求,在山东省地方高校中重点建设若干所不同类型的人才培养特色名校。按照应用基础型、应用型、技能型三类进行建设,实行分类管理,引导高校合理定位,克服同质化倾向,形成各自独特的办学理念和办学风格。省财政设立专项资金重点支持。我院等 13 所高职院校承担技能型特色名校建设任务。

技能型特色名校建设方案论证会

2012 年 11 月 13 日,学院在槐荫校区召开省级技能型名校建设方案及任务书编写工作动员会。院党委全体成员、相关部门及系部负责人、重点建设专业负责人及部分骨干教师参加会议。会议的召开标志着学院省级技能型特色名校建设工作全面启动。

2012 年 12 月 10 日,山东省人力资源和社会保障厅召开厅长办公会,专题研究我院名校建设议题。会议听取了学院党委书记崔秋立、院长张友山关于我院名校建设工程有关问题的汇报。中共山东省委组织部副部长、省人力资源和社会保障厅党组书记、厅长韩金峰做出重要指示:要按照名校建设的要求,制定建设方案,认真组织实施,实现建设目标。全厅各有关处室单位要集中力量、集中资金支持名校建设,通过

专家组成员参观 2012 级卓越技师班毕业制作作品展

名校建设,把山东劳动职业技术学院建成全省最高层次、最具示范性、最具代表性的高端技能人才培养院校。

2013年4月9日至11日,山东省教育厅特色名校建设评审专家组对我院技能型特色名校建设方案进行论证。专家组高度认可山东省人社厅对学院名校建设工作的支持,对学院技能型特色名校的建设方案给予充分肯定。

2014年12月27日至28日,山东省教育厅专家组对我院技能型特色名校建设进行中期检查。

反馈会上,专家组认为我院在被确定为山东省技能型特色名校建设单位以来,主管部门高度重视,学院名校建设组织机构及体制机制比较完善,保障了相关工作的顺利开展。通过全院上下共同努力,建设任务正稳步推进,建设工作成效明显。同时,专家组也指出了我院在名校建设过程中存在的一些问题,并提出了宝贵的意见和建议。

2015年12月19日至20日,山东省技能型特色名校建设评估专家组来我院进行了评估验收。

山东省技能型特色名校建设项目评估验收会会场

学院按照名校建设方案内容及经济社会发展对高职教育的新要求,奋力拼搏,创新改革,完成了名校建设各项任务,取得了显著成效。

1. 专业建设成效显著

一是修订了人才培养方案,重点专业及卓越技师专业都组建了人才培养方案修订项目组,广泛深入企业,调查研究企业技能人才需求,认真分析对应岗位的知识、能力、素质,形成调研报告,按照卓越技师班、高考生源班、对口生源班三类,分层次、有针对性起草了人才培养方案。发挥校企合作理事会、专业建设指导委员会作用,对人才培养方案充分论证,同时邀请了50多名省内外国家示范校(骨干校)专业带头人和生产一线专家给予指导,使专业培养目标更能适应产业升级、经济社会发展方式转变，课程安排科学合理。在 9 个重点专业示范带动下，修订了 23 个专业的人才培养方案。二是完善课程标准。随着技术进步、工艺发展，岗位对知识、素质、技能的要求发生了较大变化，一些课程标准已经不能适应岗位需求。在深入岗位调研的基础上，学院组织全面修订了 120 门课程标准，编制了 56 门实训教学指导书。三是加强校内外实训基地建设。投入 2900 万元新建五轴数控、苹果 iOS、机械创新工作室等高端实训场地（室）87 个，满足校内基本技能和专项技能训练要求。校企合作新开发实训项目（模块）485 个，使基本技能—专项技能—核心技能的训练项目更加符合技能人才成长规律。建设期内，9 个重点建设专业新增长期合作企业 288 家，新建校外实习实训基地 126 个。四是建立了院系两级常态化专业调研制度和专业评估制度。紧紧瞄准省会城市群建设产业规划，对接山东省装备制造业、电子信息业和现代服务业对高素质技能人才的要求，形成了专业动态调整和优化机制。物流管理专业被评为省级特色专业，机电专业群建设为山东省技工院校重点专业群。

2. 体制机制创新突破

一是学院牵头成立山东省机械行业职业培训教育集团，各系依托职教集团分别成立了校企合作理事会和专业建设指导委员会，制定章程、签署合作协议，推进校企深度融合，建立了校企合作专业共建、人才共育、成果共享的体制机制。二是推进院系两级管理。按照责、权、利统一的原则，修订完善了系部教学管理办法、经费核拨办法、教科研奖励办法等管理制度，深化教学管理制度、人事财务、资产管理制度改革，扩大系部人才培养、专业建设、教学组织、招生就业、学生管理等方面的自主权，增强办学活力。三是实施绩效工资改革，改革人事和分配制度，盘活校内人力资源，实行全员聘用和岗位管理，完善目标管理和绩效考核，建立拔尖人才选聘机制，实行绩效工资改革，健全优劳优酬的分配制度，调动广大教职工的积极性、主动性和创造性。

3. 社会服务能力大幅提升

学院技能型特色名校建设的实施，提升了学院整体办学实力，服务区域经济发展的能力显著增强，在全省发挥了良好的示范带动作用。一是 3 年为社会培养高素质技能人才 9200 余人，高级工以上职业资格证书获取率达到 93%，为山东经济发展做出贡献。二是校中厂为社会提供技术应用和高端加工装备服务，济南第六机床厂每年产值 4000 多万元。山东奥博汽车维修服务有限公司、青岛光谷教育科技有限公司、济南市中莱特尔电子科技开发中心等校中厂为社会提供各项专业服务，每年产值约 380 万元。三是广泛开展社会培训服务，每年开展大学生创业就业培训 1200 多人，面向全省职业院校承担省教育厅、人社厅委托的骨干师资培训 310 多人，企业职工培训和鉴定 3200 多人，金蓝领培训 1100 多人，培训社会服务合计收入总额 880 多万元。四是示范带动其他职业院校发展，学院积极发挥技能型特色名校的示范作用，对口支援新疆巴音郭楞职业技术学院进行干部培训，指导西藏日喀则市公共实训中心建设，帮助巨野职教中心开展师资培训。五是发挥山东省人社厅直属院校的地域和政策优势，通过技工院校师资培训、校长培训班等多种形式，引领技工院校深化教学改革，提高人才培养质量。举办全省技工院校校长培训班一期，全省 40 多所技工院校、120 多名技工院校校长、教务处长参加培训。接待省内外职业院校、技工院校来访学习 70 余次。

4. 品牌效应明显增强

通过技能型特色名校建设，扩大了学院的社会知名度和影响力，生源质量持续提高。2014 年，招生分数高出最低控制分数线 103 分。电气及自动化专业"3+2"对口贯通培养班以最低分 475 分一次性录满，录取山东省高职文科最高分学生；2015 年，招生分数高出最低控制分数线 152 分。毕业生就业每人有 3 个以上岗位可供选择，总体就业率保持在 97.5% 以上，重点专业对口就业率保持在 85% 以上，企业用人单位满意率达到 91.7%。毕业生"素质高、技术好、能力强"，受到用人单位普遍欢迎，就业质量不断提高。全国著名职业院校深化改革研讨会在我院召开现场会，《大众日报》、新华网、《齐鲁晚报》等媒体对我院人才培养取得的成绩和特色给予了 10 多次报道。"省劳技、学技术、就业好"成为全省高职院校的知名品牌。

七、校园变迁

随着学校办学规模的不断扩大，为了改善师生的工作、学习和生活条件，学校通过多种渠道筹措资金，新建和改造了部分基础设施，并于 2003 年开始在长清大学科技园区征地建设新校区。

槐荫校区鸟瞰图（1996 年夏）

（一）槐荫校区基础设施改造和新建

1993 年 4 月 12 日，槐荫校区新教学大楼开工建设，建筑面积 1.12 万平方米。1996 年 9 月 10 日，新建教学大楼竣工，旧教学大楼设施开始向新大楼搬迁。9 月 15 日，建于 1955 年的旧教学大楼开始拆除。

1997 年 4 月 6 日，新建成职工宿舍 7、8、9 号楼，建筑面积为 1 万平方米。1998 年 6 月 23 日，学校党政联席会通过住房货币化分配调整方案，6 月 30 日完成第一批分房，9 月 30 日完成第二批分房，10 月 29 日完成第三批分房。共有 534 名职工分到了住房，改善了居住条件。10 月 1 日，六宿舍 1、2 号楼实施扩建改造工程，年底完工。

2000 年 1 月 19 日，槐荫校区实训教学大楼开工建设，建筑面积 1.6 万平方米，分为 A 区（理论教学区）和 B 区（实训教学区），大楼按产学研结合的要求配置教学设施（备），

槐荫校区校门

槐荫校区实训教学楼

可容纳 4000 至 5000 名学生实习，领先于当时国内的同类学校。2001 年 8 月，槐荫校区实训教学大楼竣工。

2002 年 9 月，为适应学院发展要求，最大限度开发利用现有资产，在实训大楼竣工后，我院重点进行校园结构布局调整：共拆除旧的生产教学用房 5500 平方米，改建、改造修理生产教学用房 9000 平方米；完成了办公楼改造、院机关搬迁，腾出原办公用房改为教室；拆除原生产实习教学车间扩建操场；工厂原办公生产用房 1300 平方米改造成为学生宿舍。2003 年 5 月 15 日，槐荫校区新改造扩建的操场全面完工，正式投入使用。2003 年 10 月，我院在原实习工厂喷漆车间基础上改造建成的学生餐厅正式投入使用，缓解了扩招后学生就餐拥挤的压力。同月，根据济南市市政工程的规划要求，我院经十路沿街 5 座楼房 148 家住户顺利完成搬迁。

2004 年 11 月，校门及周边环境改造竣工。新校门由北京中房建筑设计事务所设计。

（二）长清新校区建设

2003 年

6 月，经山东省发展改革计划委员会批准立项，学院在长清大学科技园区规划征地约 1500 亩（含部队靶场地块），规划建设面积约 30 万平方米，固定资产投资约 4.8 亿元。新校区工程全部建成后，可容纳学生 1.5 万至 2 万人。

7 月 8 日，山东省劳动和社会保障厅厅长矫学柏在厅有关部门领导和学院领导的陪同下，到长清大学科技园区视察了我院新校址。矫厅长指示要精心搞好新校区的规划和建设，为学院上规模、上水平、上层次打下坚实的基础。

9 月 24 日，学院提出三年发展规划和新校区建设意见初稿，通过教职工代表大会广泛征求意见。

9 月 26 日，我院新校区整体规划设计招标发布会举行。来自天津大学、华中科技大学、中房集团和济南市规划设计院的四家单位参与了投标。

11 月 11 日，山东省劳动和社会保障厅矫学柏厅长、刘宝合副厅长、曹可元副厅长一行来我院视察新校区建设规划工作。

长清新校区规划建设鸟瞰效果图

11月12日，我院新校区规划设计方案专家评审会结束，来自济南市建委、济南市规划局、山东建工学院、山东省城乡规划设计院、山东省建筑设计院的9位专家共同参加评审工作。经专家组评审并综合教职工投票意见，由北京中房集团设计的D方案和济南市规划设计院设计的C方案双获二等奖，并要求整合C、D两个方案的长处提出新的规划设计方案。11月23日至24日，院长办公会决定将整合设计工作交由北京中房集团承担。11月28日，北京中房集团的部分设计专家着手整合规划设计方案。

12月24日，新校区建设工程监理暨施工队伍招标代理招标会举行。山东鲁诚招标有限公司中标，代表我院全权受理新校区建设工程的监理和施工队伍的招标发布工作。

2004 年

新校区建设工程监理、施工队伍招标工作分别于11月25日和12月6日进行。三个标段的中标单位分别是山东省泰山建设工程监理有限责任公司、山东省建设科技中心、济南中建筑设计院、济南建工总承包集团有限公司、济南第一建筑集团公司、济南四建（集团）总公司。

12月12日，学院召开"新校区建设工程开工动员大会"。12月13日，新校区建设指挥部开始入驻工地，进行现场办公。12月16日上午，新校区一期工程开工奠基仪式隆重举行，从此拉开了新校区建设的序幕。

2004年12月，学院举行长清新校区奠基仪式

2005 年

2月，我院长清新校区一期工程全面开工。一期工程包括1.2万平方米的教学楼，1.5万平方米的学生公寓，0.84万平方米的学生餐厅。

4月，包括我院新校区在内的长清大学科技园区建设项目等65个工程项目被列入年度山东省重点建设项目。我院出台新校区教职工住宅建设意见，有300多户教职工提交了购房申请。

2006年3月，学院举行专家（青年）公寓开工典礼

长清校区 1 号、2 号教学楼

长清校区学生公寓

长清校区学生公寓（一期工程）远眺

2006 年

3 月，学院党委号召打一场建设新校区一期工程的攻坚战。

3 月 26 日，学院举行新校区专家青年公寓开工典礼。

9 月 15 日，我院新校区迎来首批高职大专学生入住，标志着学院确定的新校区一期工程建设目标基本实现。

10 月 20 日，我院在长清新校区隆重举行建校 50 周年暨新校区启用庆祝大会。

2007 年

3 月 31 日上午，学院在长清校区隆重举行二期工程建设开工仪式。工程计划总投资 7500 万元，建筑面积 4.8 万平方米，共建设 2 幢实训楼、4 幢学生公寓以及中水处理工程和市政工程配套等。

4 座学生公寓于 3 月 31 日开工，于 9 月 15 日交付使用。4 月 20 日，长清校区 2 座实训楼（3 号、4 号教学楼）开工建设，于 12 月 2 日投入使用。7 月 22 日，新校区专家（青年）公寓 10 栋楼 262 户（含 52 户阁楼）选房工作结束。

12 月 7 日，学院举行了长清校区实训楼、教工住宅启用仪式。

长清校区 3 号、4 号教学楼

2008 年

为了迎接山东省委高校工委对我院德育工作的评估，学院对两校区进行了大规模的绿化、美化和维修工作。新建休读点面积达 2.2 万平方米，新建了校园导视系统和室廊文化设施。

长清校区休读点景观

2009 年

经过前期学院与济南市西区热源厂多次接洽，由其垫资铺设集中供暖管线至锅炉房热源计量表外，长清校区实现集中供暖。在最大限度利用资源的前提下，学院保证了已有建筑的供热质量并为教工住宅供暖做好了准备。

2012 年

10 月 29 日上午，学院举行长清校区体育场工程奠基暨开工典礼。2013 年 5 月地面工程完工，9 月正式投入使用。

长清校区体育场

体育场总占地面积 40157 平方米，严格按照国际田联有关标准施工铺设，运动场为 8 跑道、400 米国家一级标准，内设人造草皮足球场地，并设有跳高、跳远、铅球等运动区域。体育场还包含观众看台、篮球场 18 片、排球场 10 片、运动器材场地等部分。体育场不仅能够满足日常的体育教学、课外运动需要，同时可承接田径、足球等大型比赛及集体娱乐活动。

长清校区第二餐厅

2013 年

4 月 15 日上午，学院举行长清校区第二餐厅工程奠基暨开工典礼。长清校区第二餐厅建筑面积 5000 平方米，分上下两层，框架结构。11 月 15 日，主体建筑封顶。2014 年 7 月完工，8 月招标，9 月 1 日开始营业。

2013 年 8 月，位于长清校区专家青年公寓和学生公寓之间的休闲运动广场开工建设，12 月完工。休闲运动广场占地面积 10642 平方米，设有篮球场地 8 个、排球场地 2 个、门球场地 2 个、健身广场 1 个。

2014 年

2 月 25 日，学院举行长清校区技能实训中心及两栋学生公寓工程奠基暨开工典礼。这是继 2013 年完成标准化运动场建设以及新开工学生第二餐厅后，学院再次进行基础性硬件设施的建设。5 号教学楼（技能实训中心）和 13 号、14 号学生公寓总占地面积 5148 平方米，建筑面积 2.53 万平方米。其中，5 号教学楼建成后将新增汽车专业实训场地，从而使学院长清新校区可以满足所有专业的技术技能实训要求。两栋学生公寓全部按照新型学生公寓标准建设，含独立卫生间，改善了住宿条件。

长清校区 5 号教学楼（2014 年 9 月 1 日交付使用）

长清校区 13 号、14 号学生公寓（2014 年 9 月 1 日交付使用）

八、系部发展

（一）智能制造系

学院顺应产业结构调整和发展的新形势，于 2019 年 7 月成立了由原机械工程系、机制工艺系整合组建的智能制造系。智能制造系始终坚持教育链和产业链紧密对接，主要面向智能制造装备、轨道交通装备等国家高端装备制造业，以立德树人为根本，培养具有智能开发设计、智能生产、智能控制、智能维修、智能维护及管理能力的复合型高素质技术技能人才。

智能制造系

1. 专业体系建设

智能制造系以服务智能制造国家战略，致力于培养优秀职业素质、精湛职业技术技能的专业人才为目标，构建了"互联网＋信息＋控制＋制造"的专业体系。现有机械设计与制造专业、数控技术专业、工业机器人技术专业（含智能机器人方向）、机电设备技术专业（含城市轨道交通方向）、模具设计与制造专业（3D 打印技术方向）、机械制造及自动化专业、智能控制技术专业（含无人机技术方向）、智能焊接技术专业（含无损检测方向）8 个专业。其中，机械设计与制造专业是国家教学改革试点专业、山东省特色专业，数控技术专业、模具设计与制造专业是山东省特色专业，机电设备技术专业是"3+2"本科对口贯通培养专业，机械设计与制造与韩国京畿大学合办专业，高端装备制造专业群是山东省高水平专业群，智能制造专业群是山东省优质高等职业院校重点建设专业群。

2. 师资队伍建设

智能制造系的机械设计与制造专业和数控技术专业教学团队是山东省优秀教学团队，数控技术专业教学团队是山东省黄大年式教学团队，建有国家级技能大师工作室1个，山东省技能大师工作室2个，山东省教学名师工作室1个。现有专任教师79人，其中教授、副教授23人，具有硕士及以上学位49人，国务院政府特殊津贴1人，全国模范教师1人，全国技术能手1人，山东省教学名师1人，山东省首席技师3人，山东省突出贡献技师2人，山东省技术能手18人，山东省富民兴鲁劳动奖章获得者8人，聘请行业企业中的能工巧匠作为兼职教师，聘请全国人大代表、五一劳动奖章获得者赵峰等7名校外全国技术能手在校成立技能大师工作室传技授艺。

3. 实训设施建设

智能制造系建有国家级数控实训基地、国家级3D打印技术应用专业建设示范基地、与武汉华中数控股份有限公司共建特色二级学院"智能制造学院"（共建学院、共建专业、共建师资、共建课程、共同培养、共担就业、共享成果，智能制造学院是山东省公共实训中心中的高端制造装备技术协同创新中心，有领先省内外的智能制造产线，整条产线可以实现完全智能化的柔性生产）、国家CAD机械设计集训基地（2016年被山东省人社厅确定为山东省集训基地，2018年被国家人社部确定为国家集训基地，是我国长江以北地区唯一一个集训基地，拥有与世界技能大赛相匹配的训练比赛设备，培养了1位世赛选手、4位国赛一等奖、6位省赛一等奖和十多名企业事业单位的能工巧匠）等，实训场地面积4万余平方米，实训设备总价值近亿元，为高端技术技能人才的培养提供了良好的条件。

（二）电气及自动化系

电气及自动化系成立于2002年，是学院规模最大、整体实力雄厚的骨干系之一，是国家级高技能人才培训基地建设系、山东省技能型特色名校和山东省优质高等职业院校重点建设系。该系是第44届世界技能大赛机电一体化集训基地承办系，1+X证书智能控制系统集成应用山东省运营中心承办系，目前在校生2400余人。设有自动化、工业互联网智能控制2个重点建设专业群，开设电气自动化技术、机电一体化技术、应用电子技术、工业互联网技术、物联网应用技术、集成电路技术6个专业。

1. 高水平双师型教育教学师资队伍

系部现有教职工65人，是一支"职教名师 + 产业领军 + 科创博士"型高水平双师型教育教学队伍。其中高级职称15人，硕士及以上学历41人，拥有省级青年科创团队1个，齐鲁技能大师特色工作站1个，全国技术能手1名，泰山产业领军人才1名，全国优秀指导教

机制工艺系

师2名，山东省首席技师2名，山东省技术能手10名，山东省教育先进工作者1名，山东省优秀教师2名，山东省突出贡献技师3名，山东省优秀共产党2名，山东省职业教育先进个人1名，山东省优秀辅导员1名，山东省技工教育优秀教师1名，中组部"西部之光"访问学者合作导师1名，省直机关优秀青年岗位名师1名，泉城首席技师1名，济南市领军人才1名，济南市首席技师1名，济南市突出贡献技师3名，济南市技术能手2名，国家级裁判2名，省市及行业技能大赛裁判8人。同时，系部聘请全国劳动模范、中华技能大奖获得者、泰山产业领军人才、全国技术能手、世界技能大赛赛项专家、山东省首席技师等6人作为系部产业教授，共建立5个技能大师工作室，架起产教融合桥梁，将教学与实际生产相对接，增强了团队攻坚克难的能力。教学团队中，博士3人。其中，由洪晓芳博士主持申报的"智能控制及应用创新团队"获山东省首批"山东省高等学校青年创新团队"。以博士牵头引领的教学团队，近两年共发表SCI论文5篇，申请国家级发明专利3项。

2. 高水平产教融合实习实训基地

系部依托山东省公共实训基地，规划智能制造高端实训中心和电气工程实训中心，建立智能控制生产线、文创产品生产线和机器人制造生产线三条产业线，以及满足基础训练、专项训练及1+X培训考试需要的机电一体化、工业机器人、工业4.0、电子技术、智能制造系统集成应用等35个专业实训室，充分满足学生工学交替、顶岗实习、1+X证书、跟岗实习等实践教学需求。系部现有35个校内专业实训室，实训基地总面积2万余平方米、设备总值9000余万元，实训工位3500余个。同时与省内外大中型企业联合，共建了40余家校外实践基地，满足基础、专业和综合实训项目的教育教学。

3. 深耕校企合作、深化产教融合

坚持以"校企命运共同体、校企联合培养、双主体育人"为校企合作理念,与行业领先企业在人才培养、技术创新、社会服务、就业创业等多方面相互合作,积极探索混合所有制的办学新模式。

与山东栋梁科技设备有限公司开展党支部联合共建产业学院,与山东栋梁科技设备有限公司、中兴协力、联华电子等多家企业共建专业实训基地,并与多家企业共建企业教师工作站15个。系部每学期安排多名教师深入企业一线,及时学习和掌握最新的生产工艺和技术技能。

与歌尔声学、日立电梯、盟威戴卡、中德栋梁、联华电子等多家企业开展学徒制培养模式,同时挑选优秀人才成立卓越工匠班,共同打造符合国家人才培养规格、满足企业现实需求,具有高水平技术技能型的企业工匠。

4. 学生培养质量高、就业好

系部创新"产教融通、价值引领、润德铸魂、育训并举"的人才培养模式,一直致力于技术技能型人才高端化、系统化和专业化培养,人才培养质量社会认可度较高。近5年来,在世界技能大赛、全国职业院校技能大赛、山东省职业院校技能大赛中成绩优异,世界技能大赛获得邹鹰奖3人次;全国职业院校技能大赛获得三等奖以上11人次;山东省职业院校技能大赛一等奖12人次、二等奖12人次。27名学生获得山东省"齐鲁工匠后备人才"、山东省技术能手、长清区技术能手称号。毕业生以专业技能强、综合素质优、学习适应快、发展潜力大深受到用人单位欢迎,毕业生就业率为98.41%,专业对口就业率为86.17%,企业用人单位满意率达到99.73%。多名毕业生被评为全国技术能手和齐鲁首席技师,成为企业技术骨干。为全省技工院校自动化类专业培养近百名骨干实习指导教师,为我省高技能人才培养做出了积极贡献。

(三)汽车工程系

汽车工程系坚持"高端引领、特色立校、内涵发展、多元办学"的办学方针,倡导"卓越技能、出彩人生"人才成长理念,准确定位办学目标,遵循人才培养规律,落实立德树人根本任务,历年来特色人才培养成效显著,受到社会高度认可。

汽车工程系服务山东省区域经济发展和汽车产业结构调整需求,建成新能源汽车技术专业群,设有汽车检测与维修技术、新能源汽车技术、汽车智能技术、智能交通技术、汽车技术服务与营销5个专业以及新能源汽车技术(中德诺浩校企合作班)、汽车检测与维修技术(睿达校企合作班)2个校企合作专业。汽车检测与维修技术专业是山东省特色名校、山东省优质高等职业院校重点建设专业,该专业校企共育、工学交替,创新"岗课赛证"人才培养模式;注重培养实践技能,构建融入职业资格标准、企业生产标准、技能大赛标准的课程体系;

推行"线上＋线下"混合式教学模式改革；实施"三教改革"攻坚行动，打造"三全育人"工作格局。汽车工程系成功举办全省首届新能源汽车技术大赛等赛事，牵头成立山东省智能新能源汽车职业教育联盟，举办"泰山科技论坛暨智能汽车高技能人才培养论坛""京津冀鲁新能源汽车高技能人才培养论坛"等高水平论坛，专业建设赢得良好声誉。

汽车工程系拥有一支师德高尚、结构优良、业务精湛的高水平"双师"队伍。现有专任教师 32 名，其中教授 2 人，副教授 8 人，研究生 25 人；山东省技术能手 3 人，济南市技术能手 1 名，双师型教师 100%。聘请企业能工巧匠 21 人建成兼职教师队伍，其中产业教授 7 人，技能大师 5 人。近五年来，教师在省级以上各类大赛中获得奖项 28 项，其中教学能力一等奖 3 个，二等奖 3 个，技能大赛一等 12 奖项，二等奖 14 项，指导学生获奖 71 项。

汽车工程系

汽车工程系综合性实训场地约有 5000 平方米，教学设备充足，能满足学生实习实训需求。建有汽车整车维修实训中心、新能源汽车技术实训中心、智能网联汽车实验室、智能交通技术实验室、汽车营销实训中心、汽车维修工培训鉴定中心等 6 个实验室和实训中心，是国家级高技能人才培训基地、教育部奔腾 ARS 汽车实训中心、人社部汽车维修专项技能认证考试站、山东省职业技能鉴定中心指定鉴定基地、"金蓝领"培训基地、机械工业职业技能鉴定指导中心考培基地、山东省充电桩运行与维护培训基地。2019 年，实训基地被教育部列入高等职业教育创新发展行动计划。

汽车工程系强化专业群与产业群对接，推行产教融合，深入实践多样化校企合作模式。与一汽解放青岛汽车有限公司、中国重汽集团有限公司、润华集团股份有限公司等省内外 41 家企业建立了长期、稳定的校企合作关系。在校企联合办学、专业建设、人才培养与培训模式、"校企双元"课程与教材开发、教学团队建设、技术攻关与产品研发、1＋X 职业技能等级证书开发、技术技能人才鉴定评价等方面取得实效，为学生学习、实习、就业提供了有力的保障。近几年来毕业生的就业率保持在 99% 以上，学生毕业前就被各大企业预订，就业质量逐年提高，部分优秀学生被山东省内中高职院校等聘为实习指导教师和专业课理论教师。

（四）信息工程系

信息工程系坚持"党建引领、全面发展、校企合作、德技并修"的发展理念，对接新一代信息技术产业和山东省新旧动能转换工程，设有软件技术、计算机应用技术、计算机网络技术、大数据技术、云计算技术应用、人工智能技术应用、区块链技术应用 7 个专业。其中软件技术专业设有软件技术、软件技术（校企）、软件技术（中外合作办学）3 个专业方向，计算机网络技术专业设有计算机网络技术、计算机网络技术（校企）2 个专业方向。

信息工程系党总支坚持把党组织建设与系部中心工作相结合，以党建带系建、以优良党风带系风促学风的良好局面不断巩固发展。严格按照"四有"好教师标准和"四个引路人"要求，严格坚持做到"四个统一"，推动全员全过程全方位的"三全育人"。构建实施了师德建设常态化、长效化机制。教工党支部为全国党建工作样板党支部，党总支为山东党建工作标杆院系培育创建单位，系教工党支部书记工作室为山东高校"双带头人"教师党支部书记工作室培育项目，山东省省直机关先进基层党组织，系党总支中具有山东省优秀共产党员 1 人，校级师德标兵 4 人，校级优秀共产党员 12 人，校级集体先锋岗 2 个，党员先锋岗 2 个。

信息工程系

1. 一流的师资教学团队

信息工程系现有专职教师 32 人，其中教授 1 人，副教授 5 人，拥有省级教学团队 1 个，省级教学名师 1 人，省级优秀教师 1 人，省级青年技能名师 1 人，省级职业教育名师工作室 1 个。专业教师中 100% 具有硕士及以上学位，双师素质型教师占比 90.2%。信息工程系采取引进、培养、聘请等措施，落实"领军人才建设计划"，培养和引进行业影响力大的"教练型"教学名师和专业带头人，着重发挥高层次人才的引领带动作用，已经形成了一支"师德高尚、素质优良、技艺精湛、结构合理、专兼结合"的高水平双师型教师团队。

2. 雄厚的专业建设基础

信息工程系深度实施"产教融合、校企合作"的专业建设理念，将行业与专业对接，岗位与课程对接，专业课程内容与职业标准对接，教学过程与生产过程对接，学历证书与职业资格证书对接，实施了"校企双元"育人机制，先后建设了校企合作专业——软件技术、现代学徒制建设专业——计算机网络技术、首批 1+X 证书试点专业——Web 前端开发、中外合作办学专业——软件技术。近年来，系部专业建设成果丰硕：现代信息技术专业群为省级品牌专业群；软件技术、计算机网络技术、计算机应用技术 3 个专业为国家"高等职业教育创新发展行动计划（2015—2018 年）"项目骨干专业；软件技术专业为山东省特色专业、山东省特色名校重点建设专业、山东省优质高等职业院校信息技术专业群重点建设专业。

3. 先进的实训条件

信息工程系已建成"产、学、研、创"四位一体的校内外实训环境。建有 iOS 苹果开发实训室等校内实习实训室 23 个，创新工作室 1 个，技能大师工作室 1 个，共有 1500 个工位。实训室引入职场氛围的实训环境、企业文化和现代企业 7S 管理理念与模式，先后与联想集团、济南嘉信科技有限公司校企共建实习顶岗基地，与北京悦成创意产业基地、山东鼎齐科技开发公司等企业合作，建成"悦成软件实训基地""山东鼎齐科技开发公司实训基地"等 22 个校外实训基地，并将企业项目嵌入学生的校内外实验实训中，为学生技能训练和校外实习提供良好的条件。

4. 丰硕的教科研成果

信息工程系注重教科研项目和成果建设，教科研成果丰硕。建有山东省职业教育教学成果二等奖 1 项，省级技能传承平台 1 个，厅局级教科研成果 3 项，省（部）级及以上教科研项目 6 项，横向课题 5 项，申请发明专利 6 项，建设省级精品资源共享课程 3 门，教师参加省级及以上教学能力大赛获奖 3 人次，主编省级以上优秀教材 13 部，发表中文核心期刊、EI、SCI 论文 8 篇。

5. 高水平的人才培养质量

信息工程系坚持以德树人为根本，以建设知识型、技能型、创新型高素质技术技能复合人才为培养目标，注重学生职业能力的提升，人才培养质量社会认可度较高。近年来在世界技能大赛、全国职业院校技能大赛、山东省职业院校技能大赛中成绩优异：全国职业院校技能大赛获得一等奖 12 人次、二等奖 6 人次、三等奖 6 人次；山东省职业院校技能大赛获得一等奖 12 人次；世界技能大赛获得国赛二等奖 1 人次，山东省选拔赛中获得一等奖 8 人次。近 3 年来学生就业率均在 98% 以上，毕业生综合素质好，职业能力强，工作任劳任怨，专业知识掌握较扎实，动手能力强，上手较快，许多毕业生短时间内就成为技术骨干。

6. 特色的"微笑信息"文化品牌

信息工程系对接学院劳动文化，结合专业群特色，打造"微笑信息"文化品牌，全面推进专业文化建设"三个同步"。将劳职文化、工匠精神与专业实训室及室廊文化建设相结合，逐步将"工匠精神和劳动意识"的价值观念践行在技能型人才日常生活学习中，培养高技能劳动大军。校企深度融合，实现专业文化与企业文化对接；教学相长，课程教学过程中渗入专业文化精神内涵。

7. 较强的社会服务能力

信息工程系依托研发协同创新中心，围绕云计算、大数据、人工智能和移动互联等新一代信息技术开展研究创新，解决生产一线的技术难题和技术应用问题。依托超强的苹果实训室条件和优秀的移动软件开发师资团队，开展山东省高校师资培训和学生课外培训工作。依托国家职业技能鉴定考试站、OSTA 计算机信息技术考试站、ATA 特许授权考试站等资源，开展职业技能鉴定培训与考试，培训人数达 3000 人次。另外，信息工程系积极服务乡村振兴项目，对接菏泽鄄城县花李庄乡村振兴工作，建设了大学生实践基地、服务于文化宣传、捐赠图书工作、人工智能科技扶贫等工作。

（五）现代城市系

现代城市系设有数字媒体艺术设计、广告艺术设计、建筑装饰工程技术、虚拟现实技术应用、建设工程管理、现代物业管理、建筑智能化工程技术、房地产经营与管理 8 个专业，全日制在校生人数 1600 余人。现有教师 32 人，其中副教授 8 名，博士 1 人，在读博士 3 人，硕士 29 人，"双师"型教师 100%。

现代城市系秉承"产、学、研"的办学理念，将日常教学与教科研工作有机结合，形成了丰硕的教科研成果：获得山东省职业教育教学成果奖二等奖 2 项、省部级科研成果一等奖 1 项、二等奖 1 项、省科技进步二等奖 1 项；获得省（部）级以上教科研项目 20 余项，横向课题 10 余项；发表国内核心期刊、EI、SCI 论文 10 余篇，申报国家实用新型专利 5 项、发明专利 6 项；建有国家级在线开放精品课程 1 门，省级精品资源共享课 4 门；教师参加职业技能竞赛、教学能力大赛获得国家级一等奖 2 项，省级一等奖 9 人、二等奖 6 人。

现代城市系

现代城市系坚持"产教融合、校企合作、工学结合、知行合一"的专业建设理念。校内建有艺术设计工作室、VR 虚拟实训室、建装装饰实训中心、广告制作实训室、CAD 绘图实训室、物联网技术实训室、楼宇自动化实训室等 20 多个专业实训室和 1 个山东省技能大师工作室。其中，"VR 技术创新平台"被山东省教育厅确定为第二批山东省职业教育技艺技能传承创新平台，平面设计实训基地为世界技能大赛平面设计技术项目国家级集训基地，家具制作实训基地为世界技能大赛家具制作项目山东省集训基地。校外建有长期稳定的就业实训基地 20 多家，是山东省文化创意产业职教集团理事单位、山东省物业管理教学联盟轮值会长单位，为学生提供了良好的产训结合和就业机会，毕业生就业率在 98% 以上。

近几年，学生积极参加省、国家级职业技能大赛，取得优异的成绩。广告设计与制作和数字媒体艺术设计专业学生参加第 43 届、44 届、45 届世界技能大赛平面设计技术项目全国选拔赛，分别获全国第 6 名、第 5 名和第 3 名的优异成绩，并全部入选国家集训队；学生获得第二届全国工业设计大赛包装设计师项目一等奖；参加全国大学生广告艺术大赛，获全国二等奖 2 项、三等奖 3 项、优秀奖 6 项，山东赛区一等奖 2 项、二等奖 3 项、三等奖 6 项、优秀奖 32 项；在国内同类院校中名列前茅。建筑装饰工程技术专业学生参加第 45 届世界技能大赛家具制作项目全国选拔赛，获得全国一等奖，入选国家集训队。虚拟现实应用技术专业学生参加山东省职业院校技能大赛 VR 虚拟现实技术赛项获一等奖 3 人次，二等奖 3 人次，山东省大学生数字媒体创意大赛二等奖 6 人次，三等奖 8 人次。

（六）工商管理系

工商管理系成立于 2002 年，在学院"一体两翼"发展战略中，致力于现代商贸流通服务业高素质技术技能人才培养。建系以来，秉承全人教育和开放合作的办学理念，坚持

工商管理系

"高端引领、特色立校、内涵发展、多元办学"的指导方针，发挥创新创业精神，以立德树人为根本任务，以提高教学质量为核心，以课程改革为基础，以特色培育为重点，以校企合作为路径，创新体制机制，深化人才培养模式改革，全面提升人才培养质量和社会服务能力。

工商管理系是国家高技能人才培训基地、世界技能大赛货运代理项目中国集训基地、山东省技能型特色名校重点建设项目单位及山东省优质高等职业院校现代商贸流通专业群重点建设项目单位，同时也是山东省高等学校教学管理先进集体、山东技能大赛研究中心所在单位、山东省技工院校电子商务与物流专业中心教研组组长单位及教育部1+X物流管理、网店运营推广及电子商务数据分析证书试点单位。办学层次涵盖高职、技师和高技，先后与中职学校合作设有五年一贯及"3+2"贯通专业，与阿里巴巴、京东、苏宁等知名企业合作共建专业，与澳洲商业技术学院、韩国湖南大学等开展国外实习、留学等合作，形成了"对接世赛标准、拓展国际视野、坚持高端引领、融入双创教育、注重职教衔接、校企协同共育、打造卓越匠心"的高技能人才培养体系。

1. 高水平师资培养高质量人才

工商管理系现有电子商务、物流管理及德育教育三个教研室，共有29名专任教师，全部具有硕士及以上学位，90%以上持有高级职业资格证书，团队中有山东省教学名师、全国沙盘教学名师、山东省技术能手、济南市杰出技能手、院级教学名师、师德标兵、高级物流师、电子商务师、创业培训师、淘宝讲师等。设立了技能大师工作室，聘请具有行业影响力和企业经历的专家为专业带头人，设有 2 个专业建设指导委员会，专家成员 20 余人，聘请企业一线骨干 60 余人为兼职教师，建成了一支专家引领、双兼互聘、德技双馨、经验丰富的双师型师资队伍。电子商务专业和物流管理专业教学团队均为省级优秀教学团队。

2. 专业设置

工商管理系为山东省优质高等职业院校现代商贸流通专业群重点建设项目单位，主要包含电子商务、物流管理、国际商务、物流金融管理 4 个专业，其中电子商务和物流管理专业为省级特色专业、技能型名校工程重点建设专业和省技工教育特色名校重点建设专业。建有世界技能大赛货运代理项目中国集训基地，培养货运代理高技能人才，培训和选拔优秀选手参加中国技能大赛和世界技能大赛。与阿里巴巴、京东等企业开展校企合作，与山东网商教育科技集团联合招生，以电商运营、创业孵化和培养未来网商为目标，共建了跨境电商生产性实训基地共同培养电商人才，与新易泰物流、圆通速递、心怡物流、天猫小邮局等进行物流订单培养。

3. 教学成果

工商管理系现有省级品牌专业群 1 个，省级特色专业 2 个，省级优秀教学团队 2 个，省级精品课程（精品资源共享课）9 门，省级教学成果二等奖 3 项、三等奖 2 项，省职业教育优秀教研成果一等奖 2 项、二等奖 5 项，省高校优秀教研成果二等奖 1 项。获各类省级及以上教科研成果奖 16 项，主持省级及以上课题 30 余项，编写教材 40 多部，发表论文 70 余篇。在第 45 届世界技能大赛中国选拔赛中，商品展示技术项目获第 2 名入选国家集训队，货运代理项目获第 4 名入选国家集训队。在历年职业技能大赛中，获得国家级一等奖 10 项、二等奖 5 项，省级一等奖 29 项、二等奖 12 项。2 位教师为世赛国家级教练和裁判，1 位教师入选全国职业教育专业建设指导委员会专家，1 位老师获全国沙盘教学名师及沙盘教学突出贡献奖，3 位师生在 2018 年 "7·15 世界青年技能日" 参加山东省百名优秀技能人才走红毯活动。

（七）劳动经济系

劳动经济系是培养国内急需的人力资源服务、社会保险业务经办、财税会计、婴幼儿托育、金融服务等高素质技术技能人才的综合院系。劳动经济系目前主要有大数据与会计、金融服务与管理、劳动与社会保障、人力资源管理、婴幼儿托育服务与管理、职业指导与服务 6 个专业，拥有一支学历层次高、专业能力强、职称结构合理、敬业勤勉、朝气蓬勃的师资队伍。现有专职教师 28 人，教授 1 人，副教授 4 人，博士 1 人，讲师 18 人，全部具有硕士研究生

劳动经济系

及以上学历。系部多名教师具备高级人力资源管理师、注册会计师、创业培训师、理财规划师等职业资格，拥有山东省科普专家 1 人，山东省技术能手 1 人，济南市技术能手 1 人，双师素质教师比例达 100%。

劳动经济系一直高度重视校企合作，致力于通过校企协同促进产教融合。婴幼儿托育服务与管理专业与家政服务行业龙头"阳光大姐"共建阳光学院。同时，系部与济南市婴幼儿托育行业协会、山东人才集团、中智集团山东分公司、齐鲁社会保障有限公司、东营市人力资源服务产业园、济南高新国际人力资源服务产业园、济南市中小企业代账协会、浪潮云、山东省建设银行济南分行、济南农商银行、中泰证券、山东九安保险经纪公司、山东乐邦财税集团公司、大风车教育集团、山东培森人力资源开发公司等企业建立了合作关系，通过企业文化进校园、企业项目进实训、工作任务进课堂、订单联合培养等方式保证了人才培养质量，切实保障人才双选持续、稳定、高效地推进。

劳动经济系依托专业建有数字人力资源、智能财税、托育一体化等实训基地，为专业教学及实训提供了场地及设施保障。通过科学管理逐步形成系列化的实训项目、配套的实训教材、一流的指导教师、规范的管理制度，建成融教学、培训、技能认证和技术应用于一体的新型校内实训基地。

劳动经济系依托技能竞赛引领教学改革，助推专业发展，形成了以"以赛促教、以赛促学、赛教融合"为特点的人才培养模式。教师及学生在专业技能大赛、创新创业大赛中多次荣获一等奖、特等奖等荣誉。

（八）技师部

技师部成立于2014年，自建系以来，始终坚持"高端引领、特色立校、内涵发展、多元办学"的指导方针，秉承"先成人、后成才，既成人、又成才"的育人理念，落实立德树人根本任务，积极实施教学改革，坚持"学生主体、能力本位、工学一体"的人才培养体系，推行"半军事化管理"，实施养成教育，开展丰富多彩的第二课堂活动，激发学生自主学习兴趣，充分利用风景线礼仪队、啦啦操等学生社团，弘扬传统文化，培养学生良好品行素质，同时践行工匠精神，突出技能培养，努力实现技能成才，多年来为济南各行各业培养了数万名高技能人才，涌现出巩恩浩、陈佳佳等为代表的优秀学生，先后有10余人获得全国、全省等各类技能大赛一、二等奖等荣誉。

技师部

技师部现有"3+3"预备技师、"3+2"高级技工两个教学层次，设有机械装配、机电一体化技术、汽车维修、计算机信息管理、数字媒体技术应用、数控加工、电气自动化设备安装与维修、电子商务、人力资源管理、网络营销10个初中起点专业；数控加工、工业机器人应用与维护、汽车维修、机电一体化技术、电子商务、计算机信息管理、人力资源管理7个高中起点专业。其中，机电一体化专业群是山东省技工教育优质专业群，电气自动化设备安装与维修专业是全国技工院校一体化课程教学改革试点专业。

技师部现有在校学生3300余人，教职工102人，其中副教授（高级实习指导教师）职称的教师19人，讲师（工程师）职称的教师53人，青年教师中硕士50余人，拥有山东省首席技师1人，山东省技术能手4人，泉城首席技师2人，济南市突出贡献技师1人，济南市技术能手1人，山东省突出贡献技师1人，一体化师资比例达80%以上。近三年来，教师在省级以上刊物发表论文百余篇；承担国家级课题1项、部省级课题20余项，公开出版教材著作10余部，师资经验丰富，梯队合理。

技师部始终坚守高技能人才培养定位，以立德树人为根本，以提高教学质量为核心，以课程改革为基础，以特色培育为重点，创新体制机制，深化人才培养模式改革，全面提升高技能人才培养质量和社会服务能力。

（九）基础（体育）教学部

基础（体育）教学部担负着全院基础课程的教学、人文素质教育和语言文字工作，是山东省优秀传统文化传承基地。基础（体育）教学部有教师27人，其中教授1人、副教授4人、讲师11人，26人具有硕士学位。基础（体育）教学部立足学院发展大局，紧紧围绕一个中心——以教学为中心，抓好两个建设——课程建设和师资队伍建设，促进三个提升——教师对现代职业教育认识的提升、教师教学能力的提升、基础课服务于现代职业能力的提升，使基础课更好地服务于专业教学的需要，服务于学生的可持续发展。

基础（体育）教学部现任教师合影

基础（体育）教学部设有人文素养、数学、英语和体育四个教研室，开设"中华经典诵读""高职英语""高等数学""体育""人文素质教育"等课程。

1. 挑起改革重担，进行"三教"改革

在优质校建设、职教高地建设和"三教"改革中，基础（体育）教学部勇挑重担、锐意改革，以提质培优、增值赋能为主线，持续探索杰出技术技能人才培养的新途径、新模式，

争做改革创新、服务发展的"探路者"，在新的起点上实现新的跨越。近五年，基础（体育）教学部参与国家级课程建设项目 3 项，立项省级课程建设 2 项，省级课题 1 项，厅局级课题 2 项，院级立项 20 余项，发表核心论文 6 篇，主编教材 2 部，参编教材 5 部；授权发明专利 1 项，实用新型专利 3 项，教师科研参与率明显上升。

2. 立足课堂教学，充分发挥基础教育固本铸魂、立德树人的作用

充分利用济南地域政治优势，多次带领学生参观解放阁、济南战役纪念馆、山东省党史陈列馆等多个红色教育基地，举办"课程思政教育教学"成果展，承办"青春心向党"建党 100 周年主题演讲比赛，组织师生向国家荣誉称号获得者以及"最美奋斗者"学习，师生在对标榜样中重温初心、感悟初心、践行初心。2021 年，"中华经典诵读"课程入选山东省职业教育课程思政示范课程。

3. 实现"全覆盖、多层次、多元化"教师培训，提升全体教师教学水平

基础（体育）教学部确定了总体教师培训规划，分层实施新教师培养、骨干教师培训和名师培养工程等系列化培训，以暑期培训和远程线上学习为重点，建立了"全覆盖、多层次、多元化"的教师全员培训体系。目前，基础（体育）教学部有 4 位教师获得院级"师德标兵"的称号，3 位教师是名师工作室负责人，8 位教师成为省级课程思政教学名师，4 名教师获得省级教学能力大赛三等奖，1 位教师获得省级优秀指导教师称号，多位教师指导学生参加英语竞赛、数学竞赛、篮球比赛、足球比赛并获奖。

（十）思想政治课教学部

思想政治课教学部（简称"思政部"）是直属学院领导的二级教学和管理机构，下设习近平新时代中国特色社会主义思想概论和思想道德与法治 2 个教研室，共计 19 人，其中高级职称 3 人，中级职称 10 人，初级职称 6 人，全员硕士及以上学历（学位），其中硕士 16 人，在读博士 3 人。思政部积极将领导干部和优秀辅导员吸纳进入思政队伍，专、兼职思政教师共计 67 人，努力打造出一支结构合理、政治素质高、业务能力强的教师队伍。

思政部主要承担着全院各专业的"习近平新时代中国特色社会主义思想概论""毛泽东思想和中国特色社会主义理论体系概论""思想道德与法治""形势与政策""中国近现代史纲要""马克思主义基本原理概论"等思政课程及部分人文素质选修课的教学任务。

思政部成立以来，持续开展课程体系拓展行动、教师培优育强行动、教学提质创优行动、教研科研助力行动、实践赋能增效行动。在学院党委领导下，多措并举推进思想政治理论课建设；依托思政课实践基地，推进课堂教学和实践教学有机结合，注重在社会生活中讲好讲活思政课；坚持分专题组织集体备课，精心设计教学内容、找准教学切入点，分学科专业组

思想政治课教学部

织好理论和实践教学；把握学生规律和思想动态，打通思想政治教育"梗阻点"，探索出以学生为主体、教师为主导、课堂教学为中心、实践教学为拓展的参与式、讨论式、演讲式、辩论式等多种卓有成效的教学方法，构筑起"教"与"学"的良性互动平台。

经过不懈努力，思政部教科研各方面取得显著成效，成果丰硕。2023年思政部在校认定课程建设各类项目6项、平台建设类项目1项，团队建设类项目2项，其他3项，共12项被认定项目，优质示范课程申报1门为"习近平新时代中国特色社会主义思想概论"。近三年，思政部教师在省级以上期刊发表教科研论文20余篇，参编教材4部，承担参与各类省级、院级课题若干。教师获山东省高等学校人文社会科学优秀成果二等奖1项，获得山东省高校工委优秀课题1项；获得山东省高校工委"山东省高校优秀思想政治工作者先进个人"称号1项。教师积极参与各类教学比赛，获得山东省思政课教学设计大赛特等奖1项、三等奖1项，山东省职业院校思政课教学比赛二等奖1项、三等奖1项，山东省"课程思政研课会"一等奖1项，山东省职业技术教育学会"萌新磨课会"二等奖2项，校级"超星杯"青年教师教学比赛三等奖1项，指导学生参加山东省首届"大学生讲思政课"，获得二等奖2项、三等奖1项等。

思政部以习近平新时代中国特色社会主义思想为指导，全面贯彻党的教育方针，认真落实习近平总书记关于教育的重要论述及全国教育大会精神，拥护"两个确立"，增强"四个意识"，坚定"四个自信"，做到"两个维护"，深入学习贯彻落实中共中央办公厅、国务院办公厅《关于深化新时代学校思想政治理论课改革创新的若干意见》等精神，全体教师爱岗敬业，以身作则，以良好的职业姿态、职业素养投入到立德树人根本任务中去，引导学生厚植爱国主义情怀，把爱国情、强国志、报国行自觉融入中国式现代化伟大事业、实现中华民族伟大复兴的奋斗之中。

九、办学成果

（一）"双证书"制度的探索与实践

1991 年，我校与天津职业技术师范学院合办机械制造专业师专班，学生毕业由天津职业技术师范学院发放大专学历证书，由我校发放高级技工证书。这是我校在探索"双证书"制度方面迈出的第一步。

1991 级机械制造专业师专班毕业合影

2000 年，学院改建高职院校，在全国高职院校中率先构筑了"大专 + 高级技工"的高技能人才"双证"培养模式。

教育部"高职高专教育实行学历证书与职业资格证书制度研究"课题组济南会议留念

2005 年 9 月，由教育部高等教育司委托我院主持开展的课题"高职高专教育实行学历证书与职业资格证书制度研究"，通过了专家组评议鉴定。由中国高职教育研究会会长李宗尧研究员、天津工程师范学院院长孟庆光教授、山东省职业教育学会会长董操教授、山东省教育厅宋承祥副厅长和济南发电设备厂刘书学厂长组成的专家组认为：本课题研究成果有较高的利用价值，对推动我国高职高专院校实行"双证书"制度，完善我国职业资格证书制度具有重要意义。

该课题是教育部"新世纪高职高专教育人才培养模式和教学内容体系改革与建设项目计划"的一个子项目，我院申报后于 2005 年 3 月获得教育部批准立项，马义荣院长担任课题组负责人。该课题第一次全面系统地总结了我院实行"双证书"制度的实践与经验。

2006 年 8 月，山东省劳动和社会保障厅批准我院试办技师班。学院决定在高职大专机电类专业 2006 级新生中选拔 150 名优秀学生组建车工、钳工、维修电工三个专业"创新班"，进行"大专 + 技师"的高技能人才培养模式的探索。

2007 年 3 月 15 日，《山东省教育厅关于公布 2006 年度全省教育系统优秀调研成果名单的通知》（鲁教发字〔2007〕1 号）中公布了由我院院长马义荣、教学研究室主任马绪耘教授和赵冬梅副教授共同整理撰写的《高职院校实行学历证书与职业资格证书制度调研报告》获得全省教育系统优秀调研成果一等奖。

2007 年 5 月 26 日，我院首届"大专 + 技师"创新班举行开班典礼。

2007 年 7 月 16 日下午，山东省政协副主席王修智带领省政协科教文卫体委员会视察团来院视察指导工作。在槐荫校区实训中心，王修智亲切接见了我院"大专 + 技师"创新班的学生，并勉励他们刻苦学习，早日成为对国家和社会有用的高级技能型人才。

2009 年 7 月 1 日至 3 日，我院首届"大专 + 技师"创新班三个专业的 133 名同学参加了由山东省职业技能鉴定中心组织的技师职业资格鉴定考核。

我院首届"大专 + 技师"创新班学生是从 2006 级高职大专生中，经过考试、面试和综合测评等环节选拔出来的。创新班的设立，是我院深化一体化教学改革，积极探索职业教育人才培养模式的新举措。

（二）"卓越技师"培养计划的实施与拓展

为适应技能人才培养起点高端化趋势，在总结"大专 + 技师"创新班经验的基础上，学院于 2011 年在全国率先实施了"卓越技师"培养计划，即在较高学历层次和实践经验的群体（高等院校学生和在职职工）中，按照技师职业资格标准，采取校企合作、一体化教学模式培养高端技能人才。这一创举得到了人社部和山东省人社厅、教育厅等有关部门领导的肯定和大力支持。

学院首批实施"卓越技师"培养计划的 9 个优势专业分别是数控技术、机械设计与制造、电气自动化技术、机电一体化技术、汽车检测与维修技术、网络技术、建筑装饰工程技术、电子商务和物流管理。通过新生入校后的自愿报名、组织笔试和面试等环节，将入学成绩优秀、自愿参加的学生组织起来，单独编班。学院制定了以突出职业能力和职业素养的"能力标准、课程体系、职业证书"三位一体的人才培养方案，建立了职业素养课程化、学生日常管理和专业教学中的职业素养培养"三位一体"的职业素养培养体系。

在总结 2011 级"卓越技师"人才培养模式创新实践经验的基础上，学院决定继续在 2012 级高职大专生中进行"卓越技师"的人才培养模式创新，并于 2012 年 9 月 5 日印发了《2012级卓越技师人才培养模式实施方案》（鲁劳职院教务〔2012〕10 号）。

2011 级（首届）卓越技师班学生经过 3 年的培养，理论知识扎实，专业技能领先，参加全国、全省技能大赛取得了优异成绩，毕业作品展受到了省委领导的高度评价。321 名毕业生通过技能鉴定，被众多企业看好，进厂顶岗实习并达成了就业意向。"卓越技师"已经在我省高职教育领域形成了特色品牌。

2013 年 11 月 5 日，学院举办校企合作研讨会暨首届卓越技师毕业生推介会。

2013 年 12 月 9 日，山东省委副书记王军民来院视察调研，观看我院首届卓越技师班毕业作品展。

2014 年 2 月 17 日，山东省教育厅在《2014 年工作要点》中，明确提出了"推进高等职业教育与技师教育合作培养'卓越技师 + 卓越工程师'试点"。这表明，我院在全国首创的"卓越技师"（专科学历 + 技师资格）培养模式已经获得教育主管部门的认可，并在全省进行推广。

2014 年 12 月 10 日至 12 日，2012 级卓越技师班技师技能鉴定工作在学院的两个校区展开。2012 级卓越技师班学生是我院开展卓越技师创新培养的第二届学生，对本届卓越技师班学生的技师技能鉴定工作，学院上下高度重视，从鉴定方案的设计、鉴定流程的要求和鉴定过程的操作，均按照山东省职业技能鉴定中心对技师技能鉴定的规范进行。整个鉴定过程在山东省职业技能鉴定中心的指导下完成。2012 级卓越技师班技师技能鉴定工作在吸收 2011 级技能鉴定经验的基础上，开展了校企共同参与技能鉴定的试点。各专业在鉴定方案设计过程中，除了依据国家二级职业资格标准外，还邀请了企业专家对技能技术规范提出要求。鉴定过程中，参照各级技能大赛，在设备使用、工具摆放、现场清理等多方面提出了较高要求，在对学生进行技能考核的同时，注重考核学生的职业安全习惯、规范操作习惯、遵守纪律情况和团队协作意识，从不同侧面考核学生的综合职业能力，为进一步探索高端技能人才培养积累经验。

2014 年 5 月 4 日，山东省教育厅《关于下达 2014 年职业院校与本科高校对口贯通分段培养试点任务的通知》（鲁教高字〔2014〕13 号）中，我院被确定为"3+2"专本对口贯通分段培养试点院校。自 2014 年起，我院电气自动化技术专业衔接济南大学自动化专业。自

2015 年起，我院机械设计与制造专业衔接山东交通学院飞行器制造专业。"3+2"专本对口贯通分段培养是职业教育领域的重要改革，是探索构建现代职业教育体系的新途径。我院和合作院校充分发挥各自的资源优势，共同打造全新的职业教育培养模式，推行五年制"本科＋技师"卓越技师培养方案，探索并实践五年制卓越技师高端技术技能人才培养的新路子，力争做成全省"3+2"对口贯通分段培养的典范。

2014 年 6 月 20 日，学院与济南大学签订"3+2"专本对口贯通分段培养联合办学协议

（三）校企合作，硕果累累

学院始终坚持"校企合作、产训结合、工学交替"的办学特色和传统，注重发挥校内实训中心、实习工厂和校外实习就业基地的作用，全面提升人才培养质量。

学院先后聘请了 500 多家用人单位担任学院就业指导理事会成员，并与省内外 160 多家知名企业建立了稳定的合作关系，成立了山东省机械行业职业培训教育集团、校企合作理事会和校外实习就业基地，实行专业共建和定向培养。学院从合作企业中聘请工程技术人员担任专业建设指导专家或兼职专业带头人，在学院建立技能大师工作室，在企业设立教师工作站，聘请技能大师担任指导专家并对青年教师和学生进行"传帮带"，极大提升了他们的职业素养和技能水平。

学院领导和有关系部领导及教师经常深入企业一线调研，了解企业的人才需求状况，听取企业对人才培养的建议；学院还定期举办用人单位座谈会、校企合作洽谈会、毕业生与用人单位双选会等活动，为用人单位和毕业生搭建平台，进一步促进了学生充分就业和高质量就业，实现了毕业生和用人单位的双赢。

学院毕业生以较高的技能水平和良好的职业素养深受用人单位的好评。多数毕业生成为生产、建设、管理和服务一线的骨干力量。他们当中的佼佼者，有的成为国家级、省级、市级的技术能手，有的成为职业院校实习指导教师，有的成为单位的业务骨干，有的走上了企业的管理岗位，还有的通过艰苦创业拥有了自己的企业。

建校 60 多年来，学院共为国家培养出各类技能型人才 10 万余人。应届毕业生的就业率一直保持在 97% 以上，在同类院校中名列前茅，并曾荣获"国家技能人才培育突出贡献奖""山东省大学生创业教育示范院校""全省高校毕业生就业工作先进集体""改革开放三十年山东教育总评榜——最具就业推动力高职院校"等荣誉和称号。

1. 组建职业培训教育集团

2013 年，在山东省人力资源和社会保障厅及山东省机械工业协会的大力支持下，由学院牵头，联合 13 家院校和科研单位以及 52 家大型企业集团组建了山东省最大的职业教育集团——山东省机械行业职业培训教育集团，为高端技能人才的培养和学生实习及就业创造了良好的条件。

2016 年 5 月 10 日，山东省首个校企合作工匠联盟——济南市长清区产学研未来工匠联盟成立大会在我院召开，山东省委组织部副部长、省人力资源和社会保障厅厅长韩金峰，济南市副市长巩宪群出席大会。

长清区产学研未来工匠联盟成立大会会场

2.校企合作的各种形式

学院通过各种形式进行校企合作，取得了不菲的成绩。

学院与大型企业集团共建高技能人才培养基地

学院各系均建立了校企合作理事会和专业建设指导委员会

学院设立技能大师工作室，从企业聘请技能大师担任实习指导专家

学院与企业签订合作协议建立校外实习就业基地

学院从合作企业聘请技能大师和兼职专业带头人

学院与企业合作开展冠名班教育

学院建立大学生就业创业孵化基地并引进生产性实训

学院青年教师在企业教师实践工作站跟随技能大师参与生产实践

企业技能大师来校指导学生技能训练

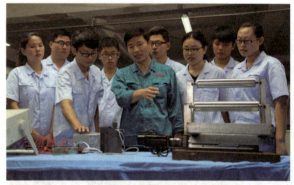

企业技能大师来校指导卓越技师班学生毕业制作

学院有关系部领导及教师到企业走访调研

学院邀请企业人力资源管理专家面向师生举办企业管理讲座

学院每年举办校企合作研讨会，向企业推介毕业生

学院每年举办大型毕业生就业实习见面会，邀请企业入校选才

（四）产学研结合，不断推进

实习工厂是学院的二级部门，对外称作"济南第六机床厂"和"济南机械装备实业有限责任公司"，为独立法人单位，是一套班子两块牌子。

实习工厂拥有 50 多年精密磨床和 20 多年大型非标准化生产线的研发制造经验，多次承担国家及省、市级科研课题和装备制造任务。研发制造的十几种磨床以及感光材料涂布、薄膜拉幅、造纸等数十条生产线，有多项填补国内空白，累计生产各种机械设备 6000 余台（套）。

实习工厂的产品科技含量和精度要求高，制造工艺复杂，产品的研发、制造、安装和调试均有教师和学生参与，为培养职业院校所必需的"双师型"教师，提供学生零距离的生产实习提供了良好的条件。

在学院的发展历程中，实习工厂一直是技能人才培养体系的重要组成部分，是体现"校企一体、产训结合、工学交替、产学研结合"办学特色的重要载体。建校 60 多年来，实习工厂为我国的装备制造、人才培养和经济社会发展都做出了不可磨灭的贡献。

1. 实习工厂的变迁

建校初期，从 1956 年 9 月至 1969 年 11 月，"实习工场"并不是一个独立的单位，而是学校的一个重要教学部门，负责实习教学和生产任务。

"文化大革命"期间，1969 年 3 月 15 日，山东省革委会发文，决定将省属"山东省劳动厅半工半读机械学校"及其九所分校下放给所在市、地革委会管理。"学校下放后，是转办工厂，还是连续办学校，由各市、地革委会决定"。4 月，校革委会向济南市革委会重工革命领导小组写出报告，请求将学校改为"济南第六机床厂"。

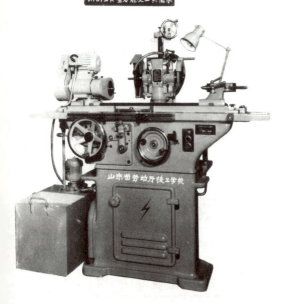

M612K 型万能及工具磨床

11 月 7 日，济南市革委会生产指挥部发文，决定将"山东省劳动厅半工半读机械学校"改为"济南第六机床厂"，由重工革命领导小组管理。11 月 16 日，中共济南市委批复济南第六机床厂革委会核心领导小组。当月，厂革委宣布了按工厂生产要求调整设置的组织机构和各级领导班子。12 月，学校最后一届毕业生 290 名，留厂 30 名，分配离校 260 名。

1978 年 5 月 15 日，山东省革委会向济南市革委会和山东省劳动局发文，批准"济南第六机床厂"恢复办学，改为"山东省劳动局技工学校"，由山东省劳动局直接领导，"济南第六机床厂"作为学校的实习工厂，继续承担磨床等机械装备的研发制造和学校的生产实习及实训教学任务。

为了便于承接大型非标准化生产线安装制造等方面的业务，1994 年 6 月 1 日，学校将"济南第六机床厂一分厂"改建为"第二实习工厂"，对外称"济南机械装备实业有限责任公司"，直属学校，实行企业化管理。

2002 年 5 月，学院进行了组织机构调整，"济南第六机床厂"和"济南机械装备实业有限责任公司"实行合署办公（一套班子两块牌子），对内称"实习工厂"，继续承担相关专业的生产性实习任务。实训教学任务则由新成立的学院实验中心承担。

2. 实习工厂的产品研发和制造

建校初期，经过几年的发展，学校"实习工场"已由只能制作民用火钩、火铲、火炉和简单工具（如手榔头、角尺、划线规、划线盘等），发展到承接校外企业加工任务和生产中型机械设备。机械设备研发和制造具有一定的技术复杂程度，既提升了教师的教学科研水平，又保证了学生的基本功训练；既完成了实习教学生产任务，又能克服消耗实习的缺点，并且获得了可观的经济效益。

1963 年，M612K 万能及工具磨床试制成功。该产品是我校批量生产的第一个定型产品，也是我校主要的实习教学产品，累计生产 3516 台，为国家经济建设和我校早期的技能人才培养立下了不朽的功勋，还曾援助越南、阿尔巴尼亚、巴基斯坦、朝鲜等国家。

"文化大革命"期间，学校改为"济南第六机床厂"，主要产品是工具系列磨床，并承担军工产品的试制任务。截至 1977 年底，全厂共有职工 749 人，其中管理人员 139 人，工程技术人员 32 人。工厂共计生产 M612K 型万能及工具磨床、2M9120 型多用磨床、2M7125 型周边磨床等多种型号的工具系列磨床 2226 台。除在国内销售外，还承担了为罗马尼亚设计制造砂轮切割机，向周边及第三世界国家出口 40 多台磨床的援外任务，实现利润 522.2 万元。

1976 年，第一机械工业部机床工具局根据磨床十年发展规划组织我校（济南第六机床厂）与咸阳机器制造学校和天津第七机床厂在陕西咸阳联合设计 2M9120 型多用磨床。1977 年 6 月，该产品首先在我校试制成功，为我国机床工业增加了新品种，为我国机床工业的发展做出了重大贡献。

1978 年，学校恢复办学之后，实习工厂（济南第六机床厂）研制的 2M9120 型多用磨床成为我校主要的实习教学产品，也是实习工厂批量生产的第二个定型产品。2M9120 型多用磨床曾参加 1978 年"广交会"，1985 年以后数次参加在北京举行的中国机床博览会和中国

2M9120 型多用磨床

国际机床博览会。到 1993 年，2M9120 型多用磨床累计出口 54 台，至 14 个国家和地区，其中有美国和澳大利亚等国家。到 2015 年，2M9120 型多用磨床累计生产了 1400 多台。

1978 年，2M9120 型多用磨床荣获济南市科学大会奖和陕西省科技进步二等奖。1985 年，2M9120 型多用磨床荣获山东省优质产品和机械工业部优质产品称号，我校实习工厂（济南第六机床厂）被国家计量局评定为二级计量单位。1990 年，2M9120 型多用磨床再次荣获机械工业部优质产品称号。

1978 年，我校实习工厂（济南第六机床厂）与第一机械工业部成都工具研究所联合开发制造的硬质合金不重磨刀片加工成套设备，与济南仪表厂合作生产的军工产品"311 乙火炮控制雷达"，都荣获全国科学大会奖。

荣获全国科学大会奖的磨床成套设备之一
——2M7125A 可转位刀片周边磨床

全国科学大会奖状

1990 年，学校改建为高级技工学校之后，实习工厂在保持磨床系列产品研发制造能力的同时，开发研制了数十条感光、造纸、塑料薄膜等大型非标准化生产线及成套设备，有多项填补了国内空白。

3. 磨床新产品的研发与制造

2MBK7125 数控可转位刀片周边磨床

国家"八五"科技攻关重大科技成果奖证书

1994 年 8 月，我校第一实习工厂接到国家科委、国家技术监督局、外国专家局、劳动部和中国工商银行联合颁发的证书，2MBD7125 可转位刀片周边磨床填补国内空白，被评为 1993 年度国家重点新产品。

1995 年 3 月 3 日，我校第一实习工厂为清华大学设计制造的 2MBK7125 数控可转位刀片周边磨床，经清华大学检测验收一次合格，填补了国内周边磨床的一项空白。

1995 年 9 月 29 日，我校负责研制的国家"八五"攻关项目 2MBK7125 数控可转位刀片周边磨床试制完成，进京参加第四届中国国际机床展览会。

1996 年，我校研发的 2MBK7125 数控可转位刀片周边磨床荣获国家"八五"科技攻关重大科技成果奖。

2009 年 4 月 21 日至 25 日，我院实习工厂（济南第六机床厂）生产的 5 台 2MK7125A 数控可转位刀片周边磨床顺利通过用户（国内量具、刃具龙头企业成都成量集团）验收。成量集团专家组对机床的各项性能、精度等相关技术指标进行了逐项检测，各项指标均达到并优于相关标准，所加工的刀片的精度全部达到 ISO 最高精度 A 级标准。

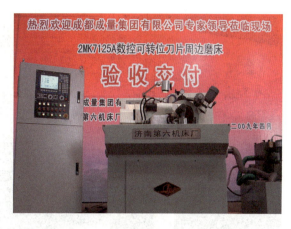

2MK7125A 数控可转位刀片周边磨床

2010 年 8 月，我院实习工厂（济南第六机床厂）研制的 2MK7125A 数控周边磨床成功申报"山东省首台（套）技术装备项目"并获得了山东省经济和信息化委员会及山东省财政厅 20 万元的奖励。

2010 年 8 月，我院实习工厂（济南第六机床厂）申报的 2010 年国家重点领域关键装备高档数控机床与基础制造装备科技重大专项课题"可转位刀片周边五轴数控精密磨床"通过工信部立项评审。该课题预算申报书通过了财政部的最终审定，获得中央财政项目补助资金 400 多万元。目前，该项目已进入评审验收阶段。

"可转位刀片周边五轴数控精密磨床"课题的任务是研究可转位刀片精密刃磨装备技术，开发有自主知识产权的五轴

可转位刀片周边五轴数控精密磨床

数控可转位刀片周边精密磨床，对提高我国可转位刀片精密刃磨装备技术水平，促进我国先进刀具制造业的发展有着重要的战略意义和现实意义。

4. 大型非标准化生产线的研发与制造

我院实习工厂从 1989 年开始与中国乐凯集团（现属中国航天科技集团）合作生产国内第一条彩色胶片生产线，至今已合作生产安装了十余条印刷感光材料生产线。

1992 年，我院实习工厂为中国乐凯集团制造的我国第一条国产化彩色胶片涂布生产线（非银盐涂布机）通过了国务院重大项目办公室和化工部的鉴定。

2000 年，学院与中国科学院感光化学研究所合作研制高清晰度感光胶片生产线，该设备生产的胶片将专供"神舟号"载人飞船使用

2001 年，学院自主研制开发的年产 5000 吨 4.6 米宽双轴定向拉伸聚丙烯薄膜成套生产线，是我国第一条国产化塑料薄膜拉幅生产线

2008 年 12 月 11 日至 13 日，我院实习工厂承办中国塑料加工工业协会双向拉伸设备技术交流会暨产品推介会，来自全国各地的 100 多家塑料薄膜生产商和设备及备件供应商派出代表参加大会。与会的专家代表参观考察了我院实习工厂薄膜生产线制造现场以及槐荫和长清两个校区的实训中心，对我院实习工厂双向拉伸设备的技术力量和校企一体培养高技能人才的办学模式给予高度评价。

2011 年，我院实习工厂申报的 2011 年国家重点领域关键装备高档数控机床与基础制造装备科技重大专项课题"电动汽车锂电池专用隔膜生产装备"通过了工信部立项评审。工信部专家组成员对我院实习工厂提交的技术方案给予了充分肯定和重视，对我院实习工厂50多年来积累的技术底蕴及丰富的装备制造技术和经验及目前良好的市场业绩给予了肯定和赞扬。

在2011年12月29日召开的全省装备产业工作会议上，我院实习工厂（济南机械装备实业有限责任公司）因生产锂电池隔膜专用拉伸机被省经济和信息化委员会授予"2011年度山东省重点领域首台（套）重大技术装备企业"称号。我院实习工厂将生产任务与实习教学紧密结合，相关系部教师积极参与产品的设计研发，学生参与产品的加工生产及装配。在按时保质完成任务的同时，提高了教师的双师素质和学生的技术能力及职业素养，为学院培养适应社会发展需要的高端技能人才起到了良好的推动作用。

学院实习工厂总装车间

生产线制造、调试现场

1990年8月，全国技工学校车、钳工专业应届毕业生操作技能竞赛获奖团队合影。上图左起：谭永超、蒋新雨、钳工教练于继尧、领队王树范、邴文法、胡鹏、张同兴、车工教练韩家生

1993年9月1日，首届中国青年奥林匹克技能竞赛开幕式暨机械行业车、钳、木模工种竞赛在湖北十堰市东风汽车公司举行。代表山东省参赛的我校张晓龙（前排右一）获全国车工竞赛第七名，于峰（前排左一）获第九名，穆伟（前排居中）获全国钳工竞赛第十二名。后排分别为：领队王树范（后排左二）、李军（后排右一），车工教练韩家生（后排右二）、钳工教练于继尧（后排左一）

（五）技能竞赛，成绩斐然

从上世纪90年代开始，我院积极参加各级各类技能竞赛活动，选手们一次次过关斩将站到了省赛、国赛的领奖台上，为学院赢得了荣誉，铸就了学院的辉煌历史。

1.高级技工学校时期

1990年8月10日，山东省劳动局主持选拔我校3名车工学生（谭永超、蒋新雨、张同兴）和2名钳工学生（邴文法、胡鹏）组队代表山东省技工学校，参加在鞍山举行的"全国技工学校车、钳工专业应届毕业生操作技能竞赛"，我校参赛者全部获得最好奖项——"优秀选手奖"。

1993年6月8日至9日，在首届中国青年奥林匹克技能竞赛济南赛区选拔赛上，我校车、钳两个工种各派出4名学生选手参赛，囊括了济南赛区车工、钳工竞赛的前四名。

7月22日至26日，首届中国青年奥林匹克技能竞赛山东选拔赛在烟台举行。我校车、钳两个工种各3名选手代表济南赛区参赛，结果车工获全省第一、二、七名，钳工获第一、五、六名。获得车工第一名的张晓龙、车工第二名的于峰和钳工第一名的穆伟入选山东省代表队。

10月26日，首届青年奥林匹克技能竞赛选拔赛济南赛区组委会在济南市劳动局举行总结表彰大会。我校赵吉民、穆伟分别获车、钳第一名，由团市委授予"济南市新长征突击手"称号。市劳动局、市总工会、市团委、市机械局联合授予我校获得车工前四名的赵吉民、于峰、张晓龙、董传会，钳工前四名的穆伟、程守龙、王允生、崔兆兵"济南市专业工种技术能手"称号，赵吉民、于峰、张晓龙、董传会、穆伟由市劳动局颁发了高级工证书。我校因成绩显著获得组委会颁发的"伯乐"奖。

　　1993 年 11 月 26 日，劳动部、中华全国总工会、共青团中央、国家教委、机械部、建设部、国内贸易部、国家旅游局、中国轻工会总会在北京人民大会堂隆重表彰首届中国青年奥林匹克技能竞赛优胜选手。我校张晓龙（五排，右起第八位）、于峰（六排，右起第九位）出席并荣获了"全国技术能手"和"全国机械行业技术能手"称号，在中南海紫光阁受到了李鹏、邹家华、倪志福、孙起孟、李沛瑶、罗干等党和国家领导人的亲切接见

　　1994 年 1 月 11 日，我校参加在东方大厦举行的山东首届青年奥林匹克技能竞赛总结表彰大会。鲁奥选字〔1993〕4 号、鲁劳发〔1993〕576 号、鲁劳发〔1993〕541 号文分别公布，授予我校获得山东省车工第一名的张晓龙、钳工第一名的穆伟"山东省富民兴鲁劳动奖章""山东新长征突击手""山东省技术能手"称号并颁发"高级工技术等级证书"，晋升一级工资；授予我校获得山东省车工第二名的于峰"山东省技术能手"称号，颁发"高级工技术等级证书"，晋升一级工资；授予我校获得山东省钳工第五名的程守龙"山东省技术能手"称号，颁发"高级工技术等级证书"；授予我校获得山东省钳工第六名的王允生"山东省技术能手"称号。山东省领导赵志浩、李春亭、陆懋曾、马世忠等出席大会，并接见了优胜选手。

2. 高职院校时期

2000年改建高职院校后，学院继续探索高技能人才培养的新路子，稳步推进高职教育和技工教育的优势互补、深度融合，积极参与各类技能大赛并取得了优异成绩。

2004年6月17日，学院出台《关于参加全国技能大赛获奖人员的有关待遇和奖励办法》，召开参加全国、全省技能大赛动员会，激励师生苦练技能，夺取优异成绩。

2004年10月29日，由劳动和社会保障部举办的全国技工院校技能竞赛决赛在天津闭幕。我院选手程厚强（右一）、孙常华（左二）、孙斌（右二）同学分别获得维修电工学生高技组第二、三、七名，孙宪良同学（左一）获得维修电工普通组第九名。山东省劳动和社会保障厅荣获"优秀组织奖"，学院荣获"优秀教学组织奖"

2004年，我院选手在第二届山东省计算机技术技能大赛中获一等奖1名，二等奖1名，三等奖3名，高校组团体比赛三等奖；在全国技工院校技能大赛山东省选拔赛中包揽了维修电工赛项学生高技组前四名，夺得了教工组第一、二、八名，学生普通组第一、二、五名；在工具钳工赛项中取得教工组第一名；在第一届全国数控技能大赛山东省选拔赛中，获教工组加工中心第一名，数控铣床第一、二名，包揽了教工组数控车床、学生组加工中心、数控车床、数控铣床的前三名。学院荣获"技能人才培养先进单位奖"。

　　2004 年 11 月，劳动和社会保障部、教育部、科学技术部、国防科学技术工业委员会、中华全国总工会和中国机械工业联合会举办的第一届全国数控技能大赛决赛在北京开赛。我院 7 名师生入选山东省代表队参加比赛并取得了优异成绩。其中，潘强（左一）获得学生加工中心组第十名。学院荣获"第一届全国数控技能大赛突出贡献奖"

　　2004 年 12 月，中国首届电子商务大赛决赛中，代表山东省参赛的我院青年教师王晓光（中间）获得银奖，并获得劳动和社会保障部颁发的"电子商务师国家职业二级资格证书"；赵静（右一）获得优秀奖以及"电子商务师国家三级资格证书"；学院获"最佳组织奖"

2005 年 1 月 14 日，山东省劳动和社会保障工作会议暨山东省技术能手表彰大会在东方大厦隆重召开。在受表彰的 100 名"山东省技术能手"中，有 23 人是我院的教职工和学生。我院被授予"山东省技术能手"称号的教职工为赵烽、王栋臣、韩刚、李灿军、邓爱国、袁宗杰、刘传顺、周照君、李传波、叶建学、胡德文、刘彦伟；被授予"山东省技术能手"称号的同学为张庆新、张涛、徐荣民、李强、黄启祖、刘刚、潘强、于洋、张成银、程厚强、孙常华。

2005 年 1 月，我院 13 名获得"山东省技术能手"称号的教职工和学生代表受到省领导接见

2005 年 5 月 1 日，山东省总工会对在推动山东经济和社会各项事业发展中做出重要贡献的先进个人进行表彰，我院（下图，左起）王栋臣、邓爱国、袁宗杰、李灿军、李传波、刘彦伟六名教师荣获富民兴鲁劳动奖章。

2005 年富民兴鲁劳动奖章

2005 年富民兴鲁劳动奖章获得者合影

2006 年 9 月 15 日至 21 日，第二届全国数控技能大赛山东赛区选拔赛在济南举行。我院选手邓爱国、李灿军、袁宗杰分别获全省教师组数控铣第一、二、三名，赵吉民获全省职工组数控铣第一名，王民、马国伟分别获全省高职大专学生组数控铣第一、三名，张浩、张海明分别获全省高职大专学生组数控加工中心第一、二名，张鑫获全省高职大专学生组数控车第二名，张涛获全省教师组数控车第三名。学院荣获"第二届全国数控技能大赛优秀选手选送单位奖"。

2006 年 11 月 27 日，由劳动和社会保障部、教育部、科技部、国防科工委、中华全国总工会、中国机械工业联合会六部委联合主办的第二届全国数控技能大赛在北京落下帷幕。来自全国 31 个赛区的 512 名选手入围全国决赛。我院 7 名师生入选山东代表队并取得优异成绩。其中，张鑫（右三）获学生高职数控车床组第六名，张涛（左三）获职工数控车床组第十名。学院获"第二届全国数控技能大赛优秀选手单位奖"

2006 年 12 月 9 日至 13 日，在山东省教育厅组织的山东省大学生数控技术竞赛中，我院获全省数控车床组团体一等奖和全省数控铣床组团体三等奖，张鑫获全省数控车床组金奖，马玉龙、杨建波获全省数控车床组银奖；马国伟获全省数控铣床组银奖，王民获全省数控铣床组铜奖。

2007 年 7 月，计算机系学生首次参加全国大学生广告设计大赛并取得佳绩，共获得省级一等奖 1 个、二等奖 2 个、三等奖 3 个、优秀奖 28 个；获全国三等奖 2 个、优秀奖 1 个。计算机系学生参加全国第二届技工院校技能大赛（计算机维修工），获得济南市选拔赛第一、二、三名，获得山东省选拔赛第一、二、三名，获得全国比赛 2 个优秀奖（第 19、20 名）的好成绩。图为获得全国第二届技工院校技能大赛山东省选拔赛前三名的选手——张庆林（中间）、李帅（左二）、孙好（右二）与指导教师合影留念

2007 年 10 月至 12 月，学院基础部首次组织 117 名同学参加了第二届全国高等院校学生语言文字基本功大赛并取得优异成绩，荣获一等奖 3 名，二等奖 6 名，三等奖 8 名。

2008 年 6 月 25 日至 30 日，全国职业院校技能大赛高职组"注塑模具 CAD 设计与主要零件加工"项目决赛在天津举行，来自全国各地的 38 个队参加竞赛。我院选手解鸿翔、陈立东、庄友斌组成的团队以全省第一名的成绩代表山东省参加决赛，夺得团体三等奖（成绩列全国第十三名）。

2008 年 8 月 25 日至 9 月 2 日，第三届全国数控技能大赛山东省选拔赛在济南举行。在教师组数控铣工赛项中，我院选手潘强获第二名，邓爱国获第四名；在教师组数控车工赛项中，李传波获第三名；李灿军获得教师组加工中心第四名；在高职学生组数控铣工赛项中，庄友斌获第一名，陈立东获第三名，张明伟获第四名；在高职学生组加工中心赛项中，刘鹏林获第二名，崔忠卫获第三名，解鸿翔获第四名；彭欢获得高职学生组数控车工第五名。我院选手潘强、李传波、庄友斌入选山东省代表队参加了在大连举行的全国决赛，李传波获教师组数控车工第十名，庄友斌获高职组数控铣工第十六名，潘强获教师组数控铣工优秀奖。学院获"第三届全国数控技能大赛优秀选手单位奖"。

2008 年 9 月，我院首次组队参加"高教社杯"全国大学生数学建模竞赛即获得佳绩：计算机系的张波、刘龙、张业鹏组成的 D 乙 7001 队荣获山东省一等奖，并赴青岛理工大学参加论文答辩，由机械工程系的郭汝龙、阎慧玲和计算机系的史晓鹏组成的 C 乙 7002 队，由机制工艺系的李华忠、电气系的亓爱义、经济管理系的常秀龙组成的 D 乙 7003 队，顺利完成了全部赛事并获得成功参赛奖。

2009 年，我院在全国及全省多项技能大赛中取得了优异成绩。其中，机械工程系和机械制造系在参加的全省职业院校数控大赛中荣获一等奖，并代表山东省参加全国职业院校数控大赛高职组产品造型设计与快速成型项目的比赛获三等奖，参加的全省职业院校模具大赛获二等奖；电气及自动化系参加的全省职业院校电子大赛获一等奖；信息工程与艺术设计系

参加的第三届全国大学生广告艺术大赛，在山东赛区取得了一等奖 2 个、二等奖 5 个、三等奖 4 个、优秀奖 40 个，在全国大赛中取得了二等奖 3 个、三等奖 2 个、优秀奖 13 个；经济管理系首次参加"用友杯"第五届全国大学生创业设计大赛获得山东省高职组亚军，并获大学生企业经营管理沙盘模拟大赛山东省二等奖。

2010 年，学院参加全省职业院校技能大赛再获佳绩。其中，由楚鹏、武文建老师指导，崔培东、李明师、程海洋同学参加的比赛项目"汽车维修与故障排除"荣获二等奖；由邓爱国、李灿军老师指导，朱亮、孙忠进、刘树胜同学参加的比赛项目"零部件 CAD 与模具设计制作"荣获二等奖；由邓爱国、李灿军老师指导，刘鑫、王宁宁、范鹏同学参加的比赛项目"复杂部件造型、数控编程与加工"荣获二等奖；由甘博、衣洋老师指导，郭文浩、徐晨骥、张天雨同学参加的比赛项目"计算机网络设计、实施与测试"荣获三等奖；由孙斌、刘传顺老师指导，王冠、康帅、王春辉同学参加的比赛项目"嵌入式电子产品设计与制作"荣获三等奖。

2010 年 6 月 6 日，首届全国软件专业人才设计与开发大赛各省总决赛在全国 24 个省份 50 多个赛点同时进行。本次大赛由工业和信息化部主办，北京大学软件与微电子学院承办，中国软件行业协会、教育部高等学校高职高专计算机类专业教学指导委员会协办，比赛分本科和高职两组，全国近 300 所学校参赛。我院信息工程与艺术设计系选送的 20 名参赛同学参加了山东省总决赛，有 2 人获一等奖，2 人获二等奖。其中，荆汉青、姜英魁、李凯妮、陈奎营进入全国总决赛。8 月下旬，全国总决赛在北京大学举行，代表山东省参赛的我院信息工程与艺术设计系的 4 名同学与来自全国 24 个省份 226 所院校的 666 名选手同台竞技。经过激烈角逐，我院学生姜英魁获得全国二等奖，荆汉青、陈奎营获得全国三等奖。我院同时获得了"山东赛区优胜学校""山东赛区优秀组织奖"和"全国优秀组织单位"的奖项和荣誉。王学军、陈静、王绪峰获得了"山东省优秀指导教师""全国优秀指导教师"称号。

2010 年首届全国软件专业人才设计与开发大赛参赛团队合影

2010 年第六届全国大学生创业设计暨沙盘模拟经营大赛参赛团队合影

2010 年 6 月 12 日，"用友杯"第六届全国大学生创业设计暨沙盘模拟经营大赛山东省总决赛在烟台落幕。本次大赛历时两天，分本科和高职两组，近 60 所高校参赛。我院经济管理系派出 2008 级和 2009 级两支代表队，在参赛指导教师孙宜彬带领下，由于家庚、王艳、刘青山、黄文俊、李晓杰五位同学组成的 2009 级代表队（二队）最终以 603 分（领先第 2 名 30 多分）的高分，获得高职组第一名，斩获特等奖。由李超、赵玉凤、胡波、马德健、杨伟伟、陈晨组成的 2008 级代表队（一队）获得一等奖。7 月 21 日，代表山东省参赛的我院代表队荣获"用友杯"第六届全国大学生创业设计暨沙盘模拟经营大赛全国总决赛一等奖。

2010 年 10 月，在第三届全国技工院校技能大赛山东省选拔赛中，机械制造系的郭海洋获得车工高级组一等奖，董鑫磊获得车工高级组二等奖，吴敏获得车工中级组二等奖，机械装备系的解瑞坤获得装配钳工高级组二等奖，李思召获得装配钳工高级组三等奖。张同兴、张安刚、张茂波、邢宝亮获得"优秀指导教师"称号。

2010 年 11 月 8 日，第四届全国数控技能大赛山东省选拔赛在济南举行。学院派出 7 名学生选手、2 名教师选手参加数车、数铣、加工中心三个工种和五轴加工组合的比赛。我院选手李堃（教师）、杨斌获得五轴数控加工中心师生组合加工组第一名，武建明获得高技组加工中心第二名。

2011 年 8 月 24 日至 25 日，由山东省教育厅主办的第八届山东省大学生机电产品创新设计竞赛在潍坊举行。我院是首次参加该项赛事，进入决赛的六项作品全部获奖。其中，"高空玻璃清洗机器人"获得一等奖，"智能绿色车棚""自动鞋柜""转盘式立体车库"这 3 个项目获得二等奖，"智能多功能窗户""家庭立体种植"这 2 个项目获得三等奖，学院获得"优秀组织奖"，庞恩泉、丁林曜分获"优秀指导教师"奖。

2011 年第八届山东省大学生机电产品创新设计竞赛参赛团队合影

在 2011 年山东省"鲁商杯"职业院校技能大赛上，"注塑模具CAD 与加工装配""复杂零部件造型、数控加工"这两个项目荣获三等奖，"嵌入式电子产品设计与制作"项目荣获二等奖，"汽车维修与故障排除"项目荣获二等奖，"计算机网络组建与安全维护"项目荣获二等奖，"现代物流—储配方案的设计与执行"荣获三等奖。

2011 年山东省高职院校汽车维修技能大赛参赛团队合影

在 2011 年全国软件大赛山东省选拔赛"C 语言（高职）"项目中，我院多名学生分获一等奖、二等奖，"JAVA（高职）"项目中，多名学生分获二等奖、三等奖及优秀奖，"C 语言（高职）"项目组队代表山东省参加全国总决赛获三等奖。

2011 年 6 月 1 日至 2 日，"金蝶杯"第三届全国大学生创业大赛山东赛区总决赛在青岛举行。由我院经济管理系孙宜彬老师指导，李晓杰、王艳、刘青山、贾晓晨、谢金寿、葛振梅、许玲、葛夫顺等同学组成的两支代表队参加比赛。经过两天的激烈角逐，取得了高职组第一名和第三名的优异成绩，并组队代表山东省在全国总决赛中获一等奖。

2011 年第三届全国大学生创业大赛（高职组）全国总决赛参赛团队合影

2011 年 6 月 11 日至 12 日，第七届全国大学生"用友杯"沙盘模拟经营大赛山东省总决赛在泰安举行。这次的山东省总决赛分本科组、高职组、新人组三个组别，全省近 60 多所高校派出 110 支代表队，共计有 600 多名选手参赛。我院经济管理系派出 4 支队伍参加了比赛。经过两天的激烈角逐，我院代表队取得了 2 个特等奖、1 个一等奖、1 个二等奖的好成绩，并代表山东省参加了 7 月份举行的全国总决赛，荣获三等奖。

2011 年，我院在第二届山东省大学生（专科）数学竞赛中获优秀组织奖，我院参赛学生许洋获一等奖，赵新获二等奖，沈金箱获三等奖；在全国大学生数学建模竞赛中，我院获"2011 年山东省大学生数学建模竞赛优秀组织奖"，5 支代表队获山东省赛区一等奖 1 项、二等奖 2 项、成功参赛奖 2 项；在第二届全国高职高专英语写作竞赛（山东赛区）中荣获 1 个三等奖。

2012 年 4 月 14 日至 24 日，山东省职业院校技能大赛高职组竞赛分别在济南、潍坊、淄博、青岛等地举行，全省共有 390 支代表队、1151 名选手参加。我院选派了 9 支代表队参加竞赛。经过激烈的角逐，"机械产品三维造型与创新设计""电气自动化设备组装与调试""现代物流—储配方案的设计与执行"这三个项目获得二等奖，"电子产品设计与制作""注塑模具 CAD 与加工装配""汽车维修与故障诊断排除"这三个项目获得三等奖。

2012 年 5 月，在第三届全国高职高专英语写作大赛山东赛区决赛中，我院参赛学生 2011 级数控专业刘晓晴同学荣获二等奖，2011 级楼宇专业翟雨婷同学获得三等奖，胡艳丽老师获得优秀指导教师称号。

2012 年 6 月 2 日，由山东数学会和山东省科学技术协会联合主办的第三届山东大学生数学竞赛举行，基础部组织我院六个系的 218 名学生参加竞赛。本次竞赛由济宁职业技术学院承办，我院作为一个赛点协办了本次竞赛（山东联合大学在我校参赛）。我院参赛学生获得 5 个一等奖（全省共 28 个）、10 个二等奖、17 个三等奖的优异成绩。同时，我院再次荣获竞赛优秀组织奖。

2012 年第八届全国大学生沙盘模拟经营大赛山东省总结赛参赛团队合影

2012年6月10日，第八届全国大学生"用友杯"沙盘模拟经营大赛山东省总决赛落下帷幕，我院经济管理系派出由张玉雷、殷程程、于涛、李亚菲、赵文杰、吴国栋、刘昭辉同学组成的一队和由肖凯、谢金寿、丛双全、杭婷婷、许玲同学组成的二队参加比赛。参赛同学齐心协力、团结拼搏、不负众望，分别获得一等奖和特等奖。孙宜彬老师由于近年来在沙盘教学方面所做的贡献，获得了由全国财政职业教育教学指导委员会颁发的"沙盘教学特殊贡献奖"。

2012年8月27日至29日，由山东省教育厅主办的第九届山东省大学生机电产品创新设计竞赛在青岛大学隆重举行。我院参赛的"智能送餐小车""多功能婴儿车""电动鞋柜"获一等奖，"智能大棚种植系统""智能清扫机器人""多功能节省空间家具"获二等奖，"面条量出机"等七项作品获三等奖。

2012年9月举行的"高教社杯"全国大学生数学建模竞赛山东赛区结果揭晓，我院再次荣获全国大学生数学建模竞赛山东省赛区优秀组织奖。我院2支学生代表队在全省高校参赛的几百支队伍中脱颖而出，获得山东赛区一等奖。

2012年10月25日，第八届全国职业院校"用友杯"沙盘模拟经营大赛全国总决赛落下帷幕。71所高职院校（含我国香港地区）代表队参加了比赛。由肖凯、谢金寿、杭婷婷、张玉雷、殷程程组成的我院代表队代表山东省参赛获全国总决赛二等奖；殷程程同学在信息化实战项目中以满分（唯一）第一名的成绩获单项奖；由于在沙盘教学中的贡献和对沙盘大赛的推动，经过专家评选和网络投票评选，指导教师孙宜彬获"全国十大沙盘名师"称号，并被聘为用友新道公司的企业ERP沙盘讲师。

2012年12月1日在第42届世界技能大赛中国选拔赛暨第四届技工院校技能大赛总决赛上，代表山东省参赛的我院学生吴敏（右四）获得车工高级组第九名（二等奖）并荣膺雏鹰奖

我院机械工程系谢政伟、邵珠林、李雅文同学组队，指导教师袁宗杰、张晓波，
代表山东省参加 2013 年全国职业院校技能大赛"数控机床装配、调试与维修"
项目的比赛荣获二等奖

2013 年山东省职业院校技能大赛。机械工程系谢政伟、邵珠林、田方胜、谢琛同学组队，指导教师袁宗杰、潘强，参加"机械产品数控加工"项目比赛，获一等奖。经济管理系王涛、陈非、梁传昊、李浩然同学组队，指导教师孙宜彬、刘强，参加"现代物流—储配方案的设计与执行"项目比赛，获一等奖。汽车工程系李大帅、綦彭彬、高超、毛庆友同学组队，指导教师刘天钢、房茂森，参加"汽车维修与故障诊断排除"项目比赛，获二等奖。电气及自动化系阎阳阳、李良、郑晓琦、牛继臣同学组队，指导教师孙鹏、孙斌，参加"电子产品设计与制作"项目比赛，获二等奖。电气及自动化系刘增文、吕洪滨、李会、李鹏涛同学组队，指导教师宋明学、孙常华，参加"电气自动化设备组装与调试"项目比赛，获二等奖。

根据《山东省职业院校技能大赛奖励办法》规定，"机械产品数控加工"和"现代物流—储配方案的设计与执行"项目分别获 5 万元奖励，参赛学生和指导教师分别获 5000 元奖励。

第十届山东省大学生机电产品创新设计竞赛。2013 年 8 月 19 日至 21 日，第十届山东省大学生机电产品创新设计竞赛在山东科技大学黄岛校区举行。我院参赛的 6 项作品全部获奖。其中，"具有高楼逃生功能的跑步机"获得一等奖，"运动机械能转化器""多功能喷药、采摘机械臂"获二等奖。丁林曜获"优秀指导教师"称号。机械工程系王彤、马巧先、王能潮、满青松同学作品"具有高楼逃生功能的跑步机"获一等奖，指导教师丁林曜、杨建波。汽车工程系綦彭彬、齐庆峰、李乾生、陈建朋、尹齐威同学作品"运动机械能转化器"获二等奖，指导教师王桂珍、曹爱红。机械工程系王能潮、满青松、王彤、马巧先同学作品"多功能喷药、采摘机械臂"获二等奖，指导教师丁林曜、庞恩泉。

第九届全国职业院校"用友杯"企业沙盘模拟经营大赛。经济管理系由刘航、迟正鹏、杨阳、郭凡凡、李文佳、孟亚楠同学和于涛、张玉雷、殷程程、赵文杰、吴国栋、刘昭辉同学分别组队参赛，均获一等奖。

2013 年 7 月，第四届山东省大学生（专科组）数学竞赛决赛结果揭晓，我院学生取得了 3 个特等奖（全省共 27 个）、3 个一等奖、8 个二等奖的优异成绩。孙少平和王文文两位老师荣获"大学生数学竞赛优秀指导教师"称号。同时，我院再次荣获山东省大学生数学竞赛"优秀组织工作"奖。

2013 年 9 月，我院组织学生参加了由教育部高等教育司、中国工业与应用数学学会等部门主办的 2013 年"高教社杯"全国大学生数学建模竞赛（山东赛区）。我院派出的 5 支参赛队表现出色，荣获山东省赛区二等奖 3 项、三等奖 2 项。

2014 年山东省职业院校技能大赛。信息工程与艺术设计系步连伟、李登远、朱俞同学组队参加"移动互联网应用软件"项目比赛获一等奖，指导教师陈静、王绪峰；机械工程系郭本水、康宗棠、王永康同学组队参加"复杂部件数控编程与加工"项目比赛获一等奖，指导教师李灿军、邓爱国；机械工程系贾鲁京、魏德武、孙滨同学组队参加"模具 CAD 与主要零件加工"项目比赛获三等奖，指导教师邓爱国、李灿军；汽车工程系王亚男、曹利民、王斌同学组队参加"汽车检测与维修"项目比赛获三等奖，指导教师孙泽涛、张安刚。

我院"数控机床装调、维修与升级改造""机械设备装调与控制技术"两项比赛分获全省第一名，"移动互联网应用软件开发"项目获一等奖。我院三个项目的参赛团队均代表山东省参加了全国职业院校技能大赛总决赛。

第六届全国数控技能大赛。机械工程系刘士强同学代表山东省参加"高职组加工中心（四轴）"项目全国总决赛获第十四名，指导老师许彦斌。

2013 年 10 月，基础部朱鹏华老师代表山东省参加了教育部主办的 2013 年全国职业院校信息化教学大赛全国总决赛，作品"定积分求平面图形的面积"获一等奖

2014 年全国大学生数学建模竞赛。电气及自动化系高文龙、机制工艺系孟凡贵、经济管理系耿翠玉同学组队获省赛三等奖，指导老师罗庆丽；机制工艺系孟令忠、电气及自动化系苗玮玮、经济管理系王杰同学组队获省赛三等奖，指导老师朱鹏华；电气及自动化系吴凤玲、机制工艺系刘鹏飞、经济管理系刘建祥同学组队代表山东省参加全国总决赛获二等奖，指导老师吴鹏。

2014年5月，第十届全国职业院校"用友杯"沙盘模拟经营大赛山东省总决赛在潍坊落下帷幕。此次山东省总决赛共有39家职业院校59支队伍参赛。本次比赛共设6个特等奖（占参赛队10%），我院一举夺得3个特等奖。

在6月举行的2014年全国职业院校技能大赛中，我院学生代表山东省参加了3个赛项的总决赛，获得1金、1银、1铜的优异成绩。其中，"机械设备装调与控制技术"赛项夺得全国冠军，"移动互联网应用软件开发"赛项获得团体二等奖，"数控机床装调、维修与升级改造"赛项获得团体三等奖。

代表山东省参加2014年全国职业院校技能大赛夺取"机械设备装调与控制技术"赛项冠军的我院学生丁来源（左二）、贾怀杰（右二）、教练宋明学（左一）、教练胡德文（右一）和领队陈福恒（中）在颁奖现场留影。胡德文、宋明学被授予"全国职业院校技能大赛优秀指导教师"荣誉称号

代表山东省参加2014年全国职业院校技能大赛夺取"移动互联网应用软件开发"赛项获得团体二等奖的我院学生步连伟（左二）、苏崇元（左三）、朱俞（右二）和教练王绪峰（左一）、陈静（右一）在颁奖现场留影。陈静、王绪峰被授予"全国职业院校技能大赛优秀指导教师"荣誉称号

代表山东省参加 2014 年全国职业院校技能大赛"数控机床装调、维修与升级改造"赛项的我院学生邵珠林、李小雷、杨魁宗团队获三等奖,指导老师袁宗杰、张晓波。

2014 年 6 月,由山东省科学技术协会和山东数学会主办、山东劳动职业技术学院承办的"山东省第五届大学生数学竞赛(专科组)"总决赛在我院槐荫校区标准化考场成功举行,来自全省 31 所高校的 204 名参赛选手参加了本届竞赛的总决赛。我院学生表现出色,获得 5 个特等奖、19 个一等奖、10 个二等奖。

2014 年中国技能大赛山东省选拔赛信息网络布线赛项于 6 月 26 日在潍坊闭幕。代表我院参赛的信息工程与艺术设计系刘善正、郭希超、李纪龙三位参赛选手最终获得 1 金 2 银的好成绩。

参赛选手刘善正(左二)与指导老师甘博(右二)、金山(左一)、刘强(右一)在比赛现场留影

在 2014 年中国技能大赛山东省选拔赛中,我院汽车工程系王亚男、鹿健同学参加"汽车技术"项目山东省选拔赛,分别获二等奖和三等奖,指导教师张安刚、刘天琦。电气及自动化系亓超、金行行同学参加"电气装置"项目山东省选拔赛,分获二等奖、三等奖,指导教师尹四倍、孙常华。机械工程系刘士强、王永康同学参加"加工中心"项目山东省选拔赛,分获二等奖、三等奖,指导教师许彦斌、马国伟、李灿军。

2014 年 8 月 4 日至 7 日,2014 年中国技能大赛平面设计竞赛暨第 43 届世界技能大赛平面设计项目全国选拔赛在深圳举行。参赛选手指导老师是孟欣、程亮。我院信艺系学生张佳鑫获第六名,入选国家集训队,备战 2015 年 8 月在巴西圣保罗举行的第 43 届世界技能大赛。世界技能大赛被誉为"技能界的奥林匹克",是当今世界地位最高、规模最大、影响力最强的职业技能竞赛。

2014 年 8 月 18 日至 20 日，第十一届山东省大学生机电产品创新设计竞赛决赛在齐鲁工业大学举行。由我院机械工程系、机制工艺系、电气及自动化系、汽车工程系联合组成的代表队成绩突出，获得 2 个一等奖、1 个二等奖、1 个三等奖。其中，"城市河道清浮船""多功能救援担架"获一等奖，"激光雕刻机"获二等奖。

2014 年 9 月 12 日至 15 日，2014 年"高教社杯"全国大学生数学建模竞赛拉开帷幕。我院选派了 5 支代表队参加本次竞赛，其中，由吴风玲、刘鹏飞、刘建祥三位同学组成的参赛队荣获全国二等奖。

2014 年 11 月下旬，由山东省教育厅、山东省经济和信息化委员会、山东省财政厅、山东省人力资源和社会保障厅以及山东省农业厅联合主办的 2014 年山东省职业院校技能大赛（高职组）各项赛事陆续开始比赛。本次大赛高职组共设立了 19 个赛项。我院参加了其中 4 个项目的比赛并取得优异成绩，其中，"复杂部件数控编程与加工"赛项获一等奖（第一名），"移动互联网应用软件开发"赛项获一等奖。

2015 年 4 月，我院由国际商务专业和电子商务专业卓越班学生组成的团队，在赵静和杨硕东老师的指导下，首次参加"第四届 POCIB 全国大学生外贸从业能力大赛"，最终取得团体三等奖的优异成绩。

2015 年 6 月 2 日至 4 日，山东省第十四届大学生科技文化艺术节"百世杯"现代物流设计大赛在济南举行。大赛由省委宣传部、省委高校工委、团省委、省教育厅、省文化厅、省科协、省学联共同主办。全省 41 所大专院校的 77 支队伍参加比赛。我院由经济管理系派出代表队参加大赛并获得一等奖。

2015 年 10 月 20 日至 21 日，由教育部指导，中国汽车工程学会、中国职业技术教育学会主办的 2015"北京汽车杯"全国职业院校汽车专业教师能力大赛在潍坊举行。我院汽车工程系青年教师夏福禄（左）、刘天琦（右）获得高职组汽车维修赛项一等奖

2015年6月13日，全国职业院校技能大赛高职组"联想杯"移动互联网应用软件开发赛项总决赛在潍坊举行，全国81所职业院校的代表队参赛。我院信息工程与艺术设计系2013级宗韶华、李登远、冯石磊三名同学组成的代表队荣获大赛一等奖（第四名），陈静、王绪峰荣获"优秀指导教师"称号。

2015年6月27日，第六届山东省大学生数学竞赛总决赛（专科组）在青岛举行。我院学生荣获14个一等奖、36个二等奖。我院再次荣获"山东省大学生数学竞赛优秀组织工作奖"荣誉称号，这是我院第五次获此殊荣。

学院继多年来参加全省职业院校技能大赛高职组的赛事均取得优异成绩后，2016年参赛再获佳绩。在6个参赛项目中获得3个一等奖、1个二等奖和2个三等奖的好成绩。其中，"数控系统装调与维护"赛项获得全省第一名（一等奖），"移动互联网软件开发"赛项获得全省第二名（一等奖），"云计算技术与应用"赛项获得全省第三名（一等奖），"工业产品造型设计与快速成型"赛项获得二等奖，"电子商务技能"赛项、"汽车检测与维修"赛项获得三等奖。

2016年上半年，我院作为世界技能大赛省级集训基地，承担了两项全省选拔赛，获得"CAD机械设计"项目全省第一名、"机电一体化"项目全省第一名、"数控铣"项目全省第三名的好成绩。

2016年8月15日，第44届世界技能大赛全国选拔赛在上海世博展览馆举行。我院2013级广告设计专业吴凯琪同学凭借充分的赛前准备和出色的临场发挥，取得第五名的优异成绩并入选国家集训队，备战2017年在阿布扎比举行的世界技能大赛。

2017年全国职业院校技能大赛中，学院机械工程系学生李宝德、王浩、刘笑获得"数控机床装调与技术改造"国赛一等奖，信息工程与艺术设计系学生陈扬、张明君、刘兴洲获得"软件测试"国赛一等奖。

2017年第44届世界技能大赛全国选拔赛中，经济管理系学生张晋生获得"货运代理"项目第五名，成功入围国家集训队。经济管理系学生时文征获得"商品展示技术"项目第八名。

2017 年山东省职业院校技能大赛中，学院参赛获得 2 个一等奖、1 个二等奖、6 个三等奖，其中"软件测试"和"数控机床装调与技术改造"项目获得一等奖、"虚拟现实（VR）设计与制作"项目获得二等奖。

2017 年中国技能大赛——全国智能制造应用技术技能大赛职工组——切削加工智能制造单元生产与管控项目省选拔赛中，学院教师孙宪良、孙斌、谢立秋组队获得一等奖（第一名）。

2018 年全国职业院校技能大赛中，学院信息工程与艺术设计系学生井鸿轩、孙洪虎、杨梦珂获得"软件测试"项目国赛一等奖，学生秦申、李延旭、刘旭获得"移动互联网应用软件开发"项目国赛二等奖。

2018 年第 45 届世界技能大赛全国选拔赛中，学院学生李士冉获得"商品展示技术"项目第二名（入围国家集训队），学生闫凤珍获得"平面设计技术"项目第三名（入围国家集训队），学生张晋生获得"货运代理"项目第五名（入围国家集训队），学生孙钦磊获得"家具制作"项目第十名（入围国家集训队）。

2018年山东省职业院校技能大赛中,学院参赛并获得2个一等奖、3个二等奖、6个三等奖,其中"软件测试"和"虚拟现实(VR)设计与制作"项目获得一等奖,"移动互联网软件开发""电子产品设计及制作""新能源汽车技术与服务"项目获得二等奖。

2018年中国技能大赛——第二届全国智能制造应用技术技能大赛学生组——切削加工智能制造单元安装与调试赛项中,学院学生范尊伟、刘铭杨、董福通组队获得一等奖。第八届全国数控技能大赛决赛加工中心操作工(学生组)项目中,学院学生马德鹏获得二等奖。

2019 年全国职业院校技能大赛中，学院信息工程与艺术设计系学生夏飞虎、张旭、张诚康获得"软件测试"项目国赛一等奖，黄伟岑、赵龙、臧家瑜获得"移动互联网应用软件开发"项目国赛三等奖。

2019 年第 46 届世界技能大赛山东省选拔赛中，学院获得 7 个一等奖、4 个二等奖、3 个三等奖，其中"货运代理""商品展示技术""家具制作""精细木工""云计算""平面设计技术""CAD 机械设计"项目获得一等奖。

2019年山东省职业院校技能大赛中,学院参赛并获得1个一等奖、1个二等奖、5个三等奖,其中"软件测试"项目获得团体一等奖,"新能源汽车技术与服务"项目获得团体二等奖。

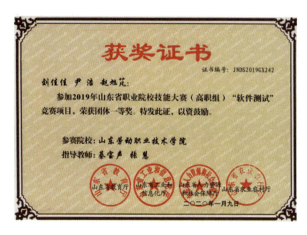

2019年中国技能大赛中,学院教师逄吉玲、徐群杰获得全国新能源汽车关键技术技能大赛汽车维修工（新能源汽车电控技术）项目职工组决赛二等奖,教师冯俊尊、李慧明、王进获得第三届全国智能制造应用技术技能大赛装配钳工（切削加工智能制造单元安装与调试）项目教师组决赛二等奖,教师丁来源、王兴涛获得第三届全国智能制造应用技术技能大赛无线电调试工（智能飞行器数字化设计与制造）项目职工组决赛二等奖。

2020年山东省职业院校技能大赛中,学院参赛并获得4个一等奖、4个二等奖、7个三等奖,其中"货运代理""汽车技术""软件测试""移动应用开发"项目获得一等奖,"机电一体化""新能源汽车技术与服务""大数据技术与应用""云计算"项目获得二等奖。

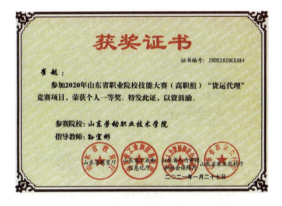

2020年职业院校教学能力比赛中,学院教师团队获得国赛一等奖1项、省赛一等奖2项、省赛二等奖3项、省赛三等奖1项,其中肖海文、逄吉玲、陈乃超、王茂慧团队获得国赛一等奖,孙常华、张雅美、孙丽萍、王小梅团队获得省赛一等奖,刘强、宋超超、孙宜彬、李振团队,谢晓雪、李晓琦、李捷良团队,谭逸萍、李亚文、李靖、刘志通团队获得省赛二等奖。

2020 年全国第一届职业技能大赛中，学院获得 2 个铜牌、6 个优胜奖，5 个项目入围第 46 届世界技能大赛国家集训队，其中学生陈成龙获得"家具制作"项目铜牌，闫晓昤获得"商品展示技术"项目铜牌。

2021 年山东省职业院校技能大赛中，学院参赛并获得 4 个一等奖、5 个二等奖、11 个三等奖，其中"货运代理""机电一体化""大数据技术与应用""软件测试"项目获得一等奖，"工业设计技术""电子产品设计及制作""汽车技术""复杂部件数控多轴加工技术""新能源汽车技术与服务"项目获得二等奖。

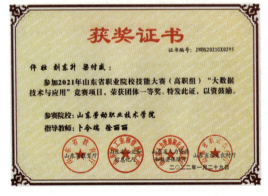
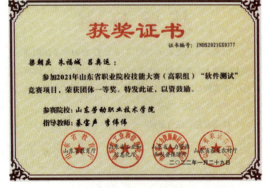

2021 年职业院校教学能力比赛中，学院教师团队获得国赛三等奖 1 个、省赛一等奖 2 个、省赛二等奖 4 个、省赛三等奖 1 个，总成绩全省第一，其中李靖、李飞、卢立倩、徐群杰团队获得国赛三等奖、省赛一等奖，谭逸萍、李亚文、张良智、王婷团队获得省赛一等奖，谷海凝、丁敏、张芳、许春秀团队，刘强、宋超超、李振、李梦雪团队，冯冲、孟昕、赵志霞、吴凯琪团队，亓洋洋、贾丛丛、刘嫣然、胡艳丽团队获得省赛二等奖。

2021 年全国行业职业技能竞赛中，学院学生吕皓获得全国工业设计职业技能大赛家具设计师赛项（学生组）一等奖，教师纪玉川获得全国工业设计职业技能大赛家具设计师赛项（职工组）一等奖，学生李畅、杜晓彬获得第四届全国智能制造应用技术技能大赛装配钳工赛项（学生组）二等奖。

2022年职业院校技能大赛中，学院参赛获得国赛1个二等奖、1个三等奖，获得省赛4个一等奖、2个二等奖、11个三等奖，其中"电子商务技能""货运代理""软件测试""移动应用开发"项目获得一等奖，"大数据技术与应用""复杂部件数控多轴联动加工技术"项目获得二等奖。

2022年职业院校教学能力比赛中，学院教师团队获得国赛一等奖1个、省赛一等奖1个、省赛二等奖3个、省赛三等奖2个，其中刘强、李梦雪、李振、徐睿团队获得国赛一等奖、省赛一等奖，李靖、李飞、卢立倩、徐群杰团队，颜丽萍、鹿玉翠、王晶、程兆燕团队，吴鹏、王艳丽、张娟、班燕团队，获得省赛二等奖。

2022年全国行业职业技能竞赛——第二届全国工业设计职业技能大赛决赛中，学院教师冯冲获得包装设计师赛项（职工组）一等奖（第一名），学生葛安霞获得包装设计师赛项（学生组）一等奖，学院获得冠军选手单位荣誉。学院教师杨乃勇、孙国栋获得全国工业和信息化技术技能大赛（教师组）工业机器人应用项目二等奖。

十、校园文化

建校以来，学院重视校园文化建设，注重融合吸收中华优秀传统文化和现代企业文化精华，培育学生的人文素质与职业素养，通过实施党员干部网格化联系服务师生制度，实行学生工作半军事化管理、实践教学 7S 管理、新生军训、安全教育、法制教育、心理健康教育、礼孝文化教育、经典诵读、知行讲坛、室廊文化、青年志愿者社会实践活动、社团活动、大学生科技文化艺术节、企业实习、技能竞赛等各种形式，全面推进学生的素质提升和道德实践，培养造就了大批德能兼备的高技能人才。劳动、技能、创造一直是学院校园文化的重要元素，劳动文化和劳动精神成为学院独具特色的文化品牌。

（一）校名：山东劳动职业技术学院（山东劳动技师学院）

根据现有管理体制，学院是一套班子两块牌子，两个校名分属我国职业教育的两个类型：一个是"山东劳动职业技术学院"（全日制普通高等院校，学历文凭教育），一个是"山东劳动技师学院"（全日制技工院校，职业资格教育）。校名中的"劳动"二字，是指学院的行政隶属关系，因为学院从建校之初即是山东省劳动局所开办的学校，除了在"文化大革命"期间学院曾下放济南市管理之外，一直是山东省劳动厅（局）直属单位。

著名书法家、书法教育家欧阳中石先生为我院题写的校名

（二）校训：卓越技能、出彩人生

我院历史上的第一个校训是 1996 年确定的"团结、勤奋、求实、创新"。改建高职院校后，我院对校训进行了三次修订：第一次是 2000 年修订的"崇德、重艺、求是、创新"；第二次是 2006 年修订的"明德、厚能、博学、笃行"，同年还确定了"求真、求实、求精、求能"的校风、"学高为师、艺精为范"的教风和"德能双修、学以致用"的学风；第三次是 2015年 8 月修订校训为"卓越技能、出彩人生"。

新校训的确立既是对我院办学历程的深刻总结，也是对我院办学理念和人才培养目标的高度概括，对我院通过专业化、系统化、高端化育人模式，培养综合素质高、创新能力强、技能水平高的高端技能人才，把学院建设成为全国、全省一流的高职院校和全方位、综合性高端技能人才培养基地具有重要意义。

"卓越技能"，体现我院立足技能人才培养最高端的办学定位，坚持技术技能人才培养不动摇的理念，同时也体现人才培养特色，暗含我院"卓越技师"培养模式的探索。

"出彩人生"，体现学院要使每个学生得到全面发展，都能体面就业和技能成才的理念。要求从人生角度关注学生成长，不仅需要专业技能，而且需要修身养性；不仅关注校内学习生活，而且关注学生未来的职业生涯和生活足迹。这也符合习近平总书记对职业教育"让每个人都有人生出彩的机会"的重要批示和国家对职业教育的定位。

"卓越技能、出彩人生"，前后两句相互联系，相辅相成，具有鲜明的时代特色，核心价值突出，体现了职业教育的人才培养目标，体现了我院"卓越技师"的培养特色，个性鲜明，独具特色。

（三）校徽

校徽的基本形状是圆形，寓意圆满、和谐、融合。上部为中文校名，下部为英文校名。

校徽主体由字母"L"及"J"的变体组成，寓意"劳动、技术、技能"。该图形同时是衣领的抽象体，寓意学院培养"金蓝领"人才。平行式的图形结构，体现学习、技能并重，做事、做人并重。两个图形的交叉表明知识与技能相辅相成，你中有我，我中有你。

由内而外的三个圆环表明学院的发展经历了中等技术学校、高级技工学校及现在的高等职业院校这三个阶段。最外侧的圆环表明学院的发展具有无限的扩展空间。

校徽象形向左的指向标，寓意学院在新形势下按照既定目标向前发展。

"1955"表明学院的创始时间为 1955 年，天蓝色的底色体现出活力和朝气，寓意学院师生在同一片蓝天下，既传承历史，又走在时代前沿。

（四）弘扬劳模精神，传承技术技能

近年来，学院先后成立了 14 个技能大师工作室，聘请了包括全国劳动模范、中华技能大奖获得者、全国技术能手、山东省泰山产业领军人才、山东省首席技师在内的技能大师来院带徒传技，发挥他们的高端引领和模范带动作用。

2006 年 10 月，全国劳动模范、全国道德楷模、中华技能大奖获得者、当代产业工人的杰出代表许振超同志受聘担任我院首席高级技能指导教师和大学生素质教育客座教授

许振超同志做先进事迹报告——《知识改变命运 岗位成就事业》

许振超同志的先进事迹报告在学生中引起强烈共鸣

许振超同志题词勉励我院学生："练出绝活，干出名堂"

2015 年 9 月，全国劳动模范、全国技术能手、山东省首席技师、山东省泰山产业领军人才、山东钢铁集团济钢焦化厂电气高级技师姜和信同志（左）受聘担任我院机电一体化技能大师工作室指导专家

2015年10月，中共十八大代表、第十二届全国人大代表、全国劳动模范、中华技能大奖获得者、全国技术能手、山东省首席技师、山产省泰山产业领军人才、鲁南机床有限公司副总工程师赵峰同志受聘担任我院数控技术专业技能大师工作室指导专家

2015年10月，全国劳动模范、全国人大代表、国家级技能大师、中华技能大奖获得者、山东省泰山产业领军人才、山东豪迈集团王钦峰同志受聘担任我院模具设计与制造专业技能大师工作室指导专家。

（五）学高为师，艺精为范

学院高度重视教师队伍的师德建设，广大教职员工坚持立德树人，积极践行社会主义核心价值观，涌现出一大批德能兼备的模范教师和师德标兵。

荣获"全国优秀教师"等荣誉称号的教师

王树范	全国优秀教育工作者	1989.9
杨廷金	全国职业技术教育先进工作者	1991.7
王树范	全国教育系统劳动模范	1991.9
金柏芹	全国优秀教师	1993.9
韩家生	全国技工学校优秀教师	1994.9
马绪耘	全国优秀教师	1995.9
袁宗杰	全国模范教师	2014.9

全国模范教师袁宗杰

山东省优秀教师宋明学

荣获"山东省优秀教师"等荣誉称号的教师

高凤宝	山东省优秀教师	1985.9
刘同森	山东省优秀教师	1985.9
戴茂盛	山东省优秀教师	1987.8
胡　涌	山东省优秀教师	1991.9
金柏芹	山东省优秀教师	1993.9
刘文平	山东省优秀教师	1995.9
赵源益	山东省优秀教师	1997.9
刘祖荃	山东省优秀教育工作者	1997.9
陈立静	山东省职业教育先进个人	2012.9
宋明学	山东省优秀教师	2014.9
程厚强	山东省优秀教师	2014.9
陈　静	山东省优秀教师	2019.9

荣获"教学名师""技能名师"等荣誉称号的教师

陈　静	山东省职业教育青年技能名师	2016.12
孙宜彬	山东省职业教育青年技能名师	2018.10
孙宜彬	山东省高等学校教学名师	2021.3
程厚强	泰山产业领军人才（产业技能类）	2021

荣获"山东省高校黄大年式教师团队"荣誉称号的教师团队

数控技术专业教学团队（团队负责人：庞恩泉）
第一批"山东省高校黄大年式教师团队"　　　　　2017.12
新一代信息技术教学团队（团队负责人：陈静）
第二批"山东省高校黄大年式教师团队"　　　　　2021.8
智能控制教科研团队（团队负责人：王芳）
第三批"山东省高校黄大年式教师团队"　　　　　2023.6

荣获"国务院政府特殊津贴"荣誉的教师

王　芳　　国务院政府特殊津贴　　　　　　　　2019.1

陈　静　　国务院政府特殊津贴　　　　　　　　2020.12

从 2012 年起，学院开始评选表彰"十佳师德标兵"，每两年评选一次。

2012 年 9 月 10 日学院表彰的首届"十佳师德标兵"合影（左起：任东梅、刘强、李家俊、张文平、贾洪杰、米刚、李士凯、陈立静、刘文学、杨远新）

2014 年 9 月 10 日学院表彰的第二届"十佳师德标兵"合影（左起：吴立军、
叶建学、孙常华、王保中、陆晓星、苏涛、胡艳丽、李雯、刘文涛、韩阳）

2016 年 9 月 8 日学院表彰的第三届"十佳师德标兵"合影（前排左起：张波、
陈伟、陈静、孙宜彬，后排左起：孙永华、曹爱红、李家俊、赵静、王灿运、段晶莹）

　　2018 年 9 月 10 日学院表彰的第四届"十佳师德标兵"合影（左起：陈若珽、张磊、李月梅、张同兴、杨振虎、王桂珍、甘博、张政梅、王来华、宋明学）

　　2020 年 9 月 10 日学院表彰的第五届"十佳师德标兵"合影（左起：刘彦伟、于亚宁、綦宝声、孟昕、王绪峰、王丹、张建伟、阎伟、叶帅、尹四倍、孙少平、陶翠霞）

2022年9月9日学院表彰的第六届"十佳师德标兵"合影（左起：李靖、尹贻山、张彬、卜令瑞、李珍珠、王黎明、冯冲、刘刚、王晶、郝涛）

2014年，学院制定了教工守则并于2020年5月进行了修订。

附录：

《山东劳动职业技术学院教工守则》

一、热爱祖国，坚定政治方向

忠于祖国，忠于人民。坚持以习近平新时代中国特色社会主义思想为指导，拥护中国共产党的领导，贯彻党的教育方针。在教育教学活动中及其他场合自觉维护党和政府以及学院形象，不得有损害党中央权威、违背党的路线方针政策的言行；不得通过课堂、论坛、讲座、信息网络及其他渠道发表、转发错误观点，或编造散布虚假信息、不良信息。

二、立德树人，潜心教书育人

落实立德树人根本任务，遵循教育规律和学生成长规律，因材施教，教学相长。不得敷衍教学；不迟到、早退、旷工；不能按时到岗须事前请假；教师钻研好业务，按授课计划授课并带教案，不擅自调课、缺课，按时上下课；教师、辅导员在上课、开班会期间不使用手机做与课堂教学或班会无关的事情。

三、以身作则，坚持言行雅正

举止文明，作风正派，带头践行社会主义核心价值观。工作时间不穿无袖服装、超短裙、短裤、拖鞋、凉拖。在所有室内公共场所和学生面前禁止吸烟；不酒后进入教学场所和学生寝室；不与学生一起饮酒；上班时间中午不饮酒；值班时间不饮酒。不得与学生发生任何不正当关系，严禁任何形式的猥亵、性骚扰行为。

四、互相尊重，关心爱护学生

真心关爱学生，严格要求学生，尊重学生人格和教师工作。不侮辱、体罚学生；上课时，不打扰教师，不让学生离开课堂做与上课无关的事；不要求学生从事与教学、科研、社会服务无关的事宜。

五、严于律己，坚守廉洁自律

坚守高尚情操，清廉从教。工作时间不脱岗、不干私活儿，不用电子设备看电影、炒股、玩游戏、网购。不准接受学生及家长、服务单位赠送的礼品礼金、有价证券等财物。不得参加由学生及家长、服务单位付费的宴请、旅游、娱乐休闲等活动，或利用家长资源谋取私利。

六、恪守道德，遵守学术规范

严谨治学，力戒浮躁，潜心问道，勇于探索，坚持追求真理，坚守学术良知。不得抄袭剽窃、篡改、侵吞他人学术成果，或滥用学术资源和学术影响；坚持抵制一切学术失范、学术不端和学术腐败行为。

七、坚持原则，秉持公平诚信

处事公道，光明磊落，为人正直。不得在招生、考试、推优、就业及绩效考核、岗位聘用、职称评聘、评优评奖等工作中徇私舞弊、弄虚作假。

八、技能卓越，积极奉献社会

传播优秀文化，普及科学知识。履行社会责任，贡献聪明才智，树立正确义利观。不得假公济私，擅自利用学院名义或校名、校徽、专利、场所等资源谋取个人利益。

（六）扶危济困，大爱无疆

每当国家和人民面临灾情和困难，我院师生都积极响应国家号召，发扬中华民族"一方有难，八方支援"的优良传统，向灾区人民提供力所能及的帮助。

在1998年8月的抗洪救灾募捐中，我院师生共捐款2.853万元，捐棉衣棉被1113件。

2008年5月12日，四川汶川发生大地震，5月14日学院党委即做出决定：积极组织捐款捐物并接受四川地震灾区学生免费

2008年7月，学院被人力资源和社会保障部授予"全国技工院校培训援助行动抗震救灾突出贡献学校"荣誉称号

学习。学院组织师生捐款 7.04 万元，缴纳特殊党费 8.837 万元，捐棉衣棉被等物品 621 件。6 月 28 日，我院迎来四川地震灾区中国东方电气高级技工学校的 19 名学生。董国勋厅长等省劳动和社会保障厅领导从火车站一同到达我院，参加了学院举行的欢迎仪式，现场查看了学生宿舍及生活用品、教室及学习用品，对我院细致入微的准备工作给予高度评价。

2008 年 6 月 28 日，我院在济南火车站迎来四川地震灾区中国东方电气高级技工学校转移就读的 19 名学生

2008 年 12 月，中国东方电气高级技工学校杨文光校长来我院看望"四川爱心班"学生并向学院赠送锦旗

（七）人文素养教育，遍地开花

诵读经典——汇报表演

知行讲坛——人文素质教育大课堂

法制教育讲座

就业指导讲座

安全教育——消防逃生演习

半军事化管理——课间操

半军事化管理——晨跑

社团活动——武术太极拳表演

半军事化管理——选配学生干部担任助理辅导员

心理健康教育——班级心理委员培训

文学艺术家送艺术进校园活动

大学生科技文化艺术节——学生艺术作品展

"欢乐劳技"职工合唱比赛 　　　　　　　教职工广场舞比赛

青年志愿者参与城市文明服务活动

第二部分

劳动精神篇

立本求新 与时俱进

大学精神是一所学校的支柱和灵魂，犹如大海中的罗盘、黑暗中的明灯，能为人们指明方向，成为人们奋斗的导向和行动的指南，使人充满勇气，面对各种困难而坚持不懈地探索。大学精神，通过制度给师生提供正确的价值导向和高尚的精神追求，在潜移默化中规范和引导全体师生的言行，孕育良好的师德、优良的学风和融洽的师生关系，并在学生与学生、教师与教师、教师与学生中互相碰撞、升华、传播。

一、积淀与财富

学院建于 1955 年，是国家第一批、山东省第一所公办工人技术学校。经劳动部和山东省政府批准，1990 年在全国试办第一所高级技工学校，成功探索了通过学校教育培养高级技术工人的路子，并在全国加以推广。2000 年改建为"山东劳动职业技术学院"，是全国第一所由高级技工学校整建制提升为高职院校的学校。从这三个主要发展阶段来看，学院有"三个第一"：山东省第一所工人技术学校，全国第一所高级技工学校，全国第一所技工学校转型成功的高职院校。这"三个第一"说明三个问题：一是学院始终走在技术技能人才培养的大路上，坚持方向不动摇。二是学院技术技能人才培养的方法有特色，全国领先，全国推广。三是学院在 20 世纪 50 年代就开始探索技能技术人才培养与学历教育融合互通的路子，工学结合、产教融合的道路逐步为社会认可，为加快现代职业教育体系建设积累了经验。

1966 年 4 月，经山东省编委批准，当时"山东省劳动厅半工半读中等技术学校"改名为"山东省劳动厅半工半读机械学校"，下辖济南、青岛、淄博、烟台、威海、潍坊、德州、聊城、济宁九所劳动局半工半读机械学校分校，学院在山东省技工教育领域"领头羊"的地位由此确立。"半工半读"是刘少奇同志提出的"两种制度"教育思想，其理论基础是马列主义教育与生产劳动相结合的理论和中国传统的半耕半读思想，实践基础是他早年的勤工俭学经历和他对国外半工半读信息的及时把握及国内教育管理实践，目的是解决当时青年学生的升学和就业问题。同时，希望逐步消灭脑力劳动和体力劳动的差别，培养新型劳动者。这一思想的提出和实践，极大地促进了新中国经济建设。这是我国现代职业教育工学结合思想的开端，很遗憾的是"文化大革命"开始后，职业教育这一宏伟蓝图和刚刚起步的实践也随之被破坏殆尽，但工学结合的职业教育思想以其强大的生命力延续至今，也成为"省劳技"精神的重要组成部分。党的十八大以来，党和国家把加快建设现代职业教育体系提升到国家战略的高度，工学结合、知行合一重新被确定为现代职业教育的核心指导思想，不论是德国的"双元制"，还是英国的"三明治"，其职业技术教育的核心都是工学结合。"省劳技"有 60 多年高技能人才办学的深厚底蕴，相信我们一定能够继往开来，在现代学徒制试点、卓越技师培养等方面开拓创新，把"省劳技"精神发扬光大。

二、特色与品牌

学院始终坚持高素质技术技能人才培养的目标不动摇，注重理论与实践结合，突出技能培养，实行"专科学历＋技师资格"的"双证书"制度。充分利用山东省人社厅、山东省教育厅双重领导的政策优势，结合自身教学的设施设备和师资条件，在人才培养过程中坚持因势利导、因材施教，不断探索工作过程导向、教学做一体、模块化教学、项目教学等先进的高等职业教育理念和教学改革，培养的毕业生深受企业、社会欢迎，形成了"省劳技"的鲜明特色和响亮品牌。

（一）坚持高端引领，努力站在技能人才培养的高端水平

系统化、专业化和高端化，是学院人才培养的主要特色。在专业建设方面，多年来，学院紧紧围绕山东省经济社会发展，不断调整专业和课程，培养适应社会需求的高技能人才。学院机电类传统专业始终保持全省高职和技工院校的领先水平。近年来，学院继续提升改造专业水平，同时设置 3D 打印、逆向工程、工业机器人等新专业，适应先进制造业、现代服

务业对高端技术技能人才的需求。在高端培养方面，深化双证培养，在全国率先启动"卓越技师"培养计划，学生毕业时，达到"专科学历＋技师资格"培养目标，既能够取得专科学历证书，又能够取得技师职业资格证书。卓越技师班毕业生对口就业率达89.2%，到国有大中型企业就业的毕业生占81.3%，薪酬比普通高职生高约30%。学院人才培养质量不断提高，在各项技能竞赛中成绩优异。此外，学院还是山东省教育厅确定的世界技能大赛"机电一体化"和"CAD机械设计"项目的培训基地。

（二）创新人才培养模式，形成校企合作、产教融合的培养特色

在校企合作方面，学院与西门子、日立、斯凯孚、联想等全球知名企业开展深入合作，实现"五个共同"。创新具有专业特色的人才培养模式，如电子商务专业，校企共同创立大学生就业创业孵化基地，学院提供场所，青岛光谷、阿里巴巴等企业投入50万元，提供电商平台、装修经营场地、配备办公设备等，为学生创新创业提供平台。学院是"新型学徒制""现代学徒制"双试点院校，是人社部一体化教学试点院校。同时，学院有自己的实习工厂，能够为教师和学生提供技能培训，实现校企协同育人，也是鲜明特色之一。

（三）落实社会主义核心价值观，形成较为系统的办学理念和校园文化

2011年，学院党委提出了"高端引领、特色立校、内涵发展、多元办学"的方针。2015年，学院又凝练了新的校训和校风，新校训为"卓越技能、出彩人生"，新校风为"诚朴厚重、崇德尚能、团结奋进、和谐共生"，充分体现了个性特色。在人才培养方面，学院把握好"全人培养"与"一技之长"的关系，从2012年开始实施"三位一体"人文和职业素养培养体系，把职业素养教育贯穿人才培养全过程。学院重视传统文化教育，开展"孝""礼"等传统文化专题教育，得到了山东省高校工委的肯定和推广。

（四）注重师德建设和实践能力培养，打造一流的师资队伍

在加强师德建设的基础上，从教师的教学能力、实践操作能力、科研能力等方面对教师进行能力提升，从学历层次、"双师型"数量、兼职教师比例等方面优化教师结构。专业教师"双师"素质占比超过90%。具有高级技能以上职业资格证书的教师占比达91.36%。培养了一批"教练型"教学名师和专业带头人。1人被评为省级教学名师，有11个省、市首席技师和突出贡献技师，建成了1个省级优秀教学团队，把全省最高层次的技能人才——"泰山产业领军人才"和一批省首席技师引入学院，建立了14个技能大师工作室。学院不断改革完善体制机制，建立向一线教职工倾斜的收入分配、职称评审等制度，调动教职工教书育人的积极性。

省人社厅、省教育厅对我院卓越技师培养模式给予高度评价，将推进卓越技师培养试点写入省教育厅 2014 年工作要点。省委副书记王军民、省人社厅厅长韩金峰等领导来我院视察指导工作时，对我院卓越技师培养工作给予充分肯定，并指出通过学校教育培养卓越技师是加快培养高端技能人才的好路子。

三、师资与传承

一流的师资队伍是"省劳技"精神传承不歇的人才支撑，大学精神不唯大楼大厦，更需要大师名师。学院高等职业教育的属性，需要我们组建一流的"双师型"教师队伍。学院长期坚持岗前培训、下厂实习等措施培养专业实训教师，并注重从实习工厂技术、生产一线中选拔教师，充实学院双师型教师队伍。学院现有教职工 690 人，其中教授 32 人、副教授 150 人，"双师型"教师占比 81.17%。享受国务院特殊津贴专家 2 人，泰山产业领军人才 1 人，全国技术能手 7 人，全国模范教师 1 人，国家级技能大师工作室领办人 1 人，省技术能手 87 人，获得省级荣誉称号教师 94 人，黄大年式教师团队 3 个，山东省"青创科技计划"创新团队 1 个。学院还通过派出教师到企业锻炼和技术服务、国内外培训、技能大赛等多种形式，增强专任教师动手实践能力，构建"双师型"师资队伍。电气及自动化系采用模块化教学，把专业教学和技能培训内容分解为若干模块，理论教师和实习教师合理搭配，组成各模块的"双师型"教学团队，各班学生在不同的模块中学习，形成了"生产流水线"式的专业培养体系。这种方法是通过团队力量，发挥专业课教师各自优势，弥补教师个人在理论或技能方面的不足，教学过程中相互促进，共同提高。通过构建"双师型"教学团队，优化教学力量，改进教学方法，逐步提高专业课教师个人的双师素质。

学院制定了《兼职专业带头人管理办法》《技能大师选聘考核管理办法》等有关制度，从社会上广纳英才，充实兼职教师队伍。聘请"全国技术能手""山东省首席技师"等能工巧匠，成立技能大师工作室 14 个，聘用兼职专业带头人 21 名。在兼职专业带头人的组织指导下，把新技术、新工艺、新材料、新方法充实到教学过程中，专业、课程建设得到进一步提升；在技能大师的指导下，把企业典型生产工艺作为教学课题或重点实训项目，以师傅带徒弟的形式进行技术绝活儿传承，探索现代学徒制。利用"技能大师工作室"的平台，促进实践教学、大赛培育、技术研发和师资提升。

山东劳动职业技术学院技能大师工作室一览表

序号	工作室名称	专业	主要成就
1	赵峰技能大师工作室	数控技术	赵峰，鲁南机床有限公司副总工程师，全国劳动模范、全国技术能手，泰山产业领军人才，享受国务院政府特殊津贴
2	齐书新技能大师工作室	数控技术	齐书新，中国石油济南柴油机总厂加工中心班长、高级技师，中国石油集团"特等劳动模范"
3	李强技能大师工作室	数控技术	李强，泰安航天特种车有限公司数控车工高级技师，山东省首席技师、全国技术能手
4	王钦峰技能大师工作室	模具设计与制造	王钦峰，全国劳动模范、山东省首届泰山产业领军人才、全国技术能手、中华技能大奖获得者
5	李光福钳工技术技能大师工作室	机械设计与制造	李光福，济南锅炉集团有限公司钳工高级技师，济南市首席技师、山东省技术能手
6	姜和信技能大师工作室	机电一体化技术	姜和信，山东钢铁集团高级技师，山东省首席技师、全国技术能手，山东省首届泰山产业领军人才，全国劳动模范，享受国务院政府特殊津贴
7	宁长军技能大师工作室	机电一体化技术	宁长军，中国重汽集团济南卡车股份有限公司高级技师，全国技术能手、山东省首席技师，中国机械工业联合会有突出贡献技师

（续前表）

序号	工作室名称	专业	主要成就
8	王亮亮技能大师工作室	机电一体化技术	王亮亮，山东栋梁科技设备有限公司技术中心经理、工程师
9	王兆祥技能大师工作室	楼宇智能化工程技术	王兆祥，济南火哨安全科技有限公司副总经理、高级工程师
10	李绪升技能大师工作室	汽车检测与维修技术	李绪升，山东润华集团奥迪4S店技术总监，汽车维修高级技师、省首席技师
11	孙桂森技能大师工作室	焊接技术	孙桂森，济南锅炉集团有限公司高级技师，山东省首席技师、全国机械行业突出贡献技师
12	薄自洋艺术大师工作室	艺术设计	薄自洋，中国美术家协会会员、中国工艺美术大师
13	张荣超技能大师工作室	软件技术	张荣超，联想集团教育与培训事业部技术总监
14	李文黎物流工作室	物流管理	李文黎，物流实训室方案设计与实施专家、全国职业院校现代物流技能大赛特邀企业专家

四、口碑与精神

党的十八大以来，以习近平同志为核心的党中央从坚持和发展中国特色社会主义全局出发，提出并形成了全面建成小康社会、全面深化改革、全面依法治国、全面从严治党的战略布局。历史赋予工人阶级和广大劳动群众伟大而艰巨的使命，时代召唤工人阶级和广大劳动群众谱写壮丽而崭新的篇章。反腐倡廉让不劳而获的蛀虫纷纷落马，八项规定让奢靡享受无处遁形，劳动光荣让广大人民充满希望。由堪心作词、印青作曲，殷秀梅、廖昌永演唱的《劳动最光荣》这样唱道："有一种奉献叫劳动，勤奋劳动是我的执着；有一种情怀叫赤忱，诚实劳动是我的承诺；有一种力量叫开拓，创新劳动是我的追求；有一种付出叫收获，创造伟大是我的赞歌……劳动最光荣，把人间美好传唱每一个角落。"这首歌是学院人才培养、社会贡献的真实写照。全面建成小康社会，从根本上要靠劳动、靠劳动者创造，崇尚劳动、尊重劳动者应该成为时代强音。学院以培养生产服务一线的高素质劳动者为培养目标，培养的优秀毕业生传唱着劳动光荣、技能宝贵、创造伟大的赞歌。

截至 2015 年 7 月，学院已经累计为社会培养高技能人才 10 万余人，有 1 万余名优秀毕业生成为企业的技师、高级技师、首席技师，全省职业院校机电类专业实习指导教师相当一部分来自我校。他们当中有山东省首席技师、追赶许振超的码头工人白永亮，有享受国务院政府特殊津贴的滨州市劳动模范、山东省首席技师孙东，有创业成功不忘回馈母校、捐款百万元设立创业基金的陈玉朋，有全国模范教师袁宗杰，有最新当选全国十大教书育人楷模的王其平。他们奋斗在现代制造业、电子信息业、现代服务业、现代职业教育的前线，为"中国制造 2025""工业 4.0"和现代职业教育事业奉献着青春和力量，在普通的劳动岗位上传唱着不朽的劳动者之歌，传承着永恒的"省劳技"精神。

历经 60 多年风雨，艰苦朴素、吃苦耐劳、坚韧不拔、勇于探索、敢于创新成为"省劳技"人坚守的精神品质，指引着学院在现代职业教育的大潮中挫而弥坚、锲而不舍，坚持高技能人才培养的方向不动摇，坚持工学结合的人才培养方式不动摇。打通技工学生上大学的立交桥、卓越技师培养、现代学徒制试点、新型学徒制试点，学院始终走在职业教育的最前沿。在校庆 60 周年访谈中，学院的老领导、老教师讨论过这样的话题：车、钳、电这三大学院主打品牌工种，以及由此衍生出来的数控技术、模具制造、焊接技术、机电维修等专业人才培养，需要消耗大量的人力和物力成本，因此首先需要有吃苦耐劳、技艺精湛的实习指导老师，其次需要先进的设备和训练场地、科学的培养方式方法，再次就是需要大量的实训耗材作支撑。这些专业的人才培养成本远高于国家生均拨款经费，更高于培养第三产业服务类专业学生的成本。只有发扬艰苦朴素、吃苦耐劳的精神，才能够把人才培养好、把学院办好。

第三部分

人物口述篇

追忆往昔　感念师恩

一、校友风采

1. 全国教书育人十大楷模
——王其平（1990 级校友）

2015 年 9 月 8 日，在第 31 个教师节来临前夕，中共中央政治局常委、国务院总理李克强在北京会见全国教书育人楷模及优秀乡村教师代表并作重要讲话。刚刚当选全国教书育人十大楷模的我院 1990 级校友王其平受到李总理的亲切接见。

报道称，为热烈庆祝第 31 个教师节，大力宣传人民教师教书育人的感人事迹，引导广大教师争做党和人民满意的"四有"好老师，在全社会进一步营造尊师重教的良好风尚，中央媒体开展了第六届全国教书育人楷模推选活动。经过各省推荐、媒体展示、公众投票、组委会推选，最终推选出 10 位全国教书育人楷模。我院 1990 级校友、山东枣庄职业学院高级实习指导教师王其平榜上有名。

王其平，男，汉族，1973 年 3 月出生，我院高技部 1990 级机械装配与修理专业学生，1992 年以专业考试第一名成绩获八级钳工证书，毕业后被分配到枣庄市劳动局技工学校担任实习指导教师，现任枣庄职业学院高级实习指导教师。王其平把职业教育作为自己的终身事业，在钳工教学领域勤学苦练，以身示教，用高尚的师德和过硬的技能培育影响着一批批青年学子。他注重培养学生的自信心，以自身求学发展的经历鼓舞学生，让学生对专业学习充满热情。他总结出"三检六勤"教学法，在教学中将理论、制作工艺、技巧、经验融为一体，指导学生高质量地完成生产实习。他的学生成绩优异，在历年的职业资格鉴定中合格率达100%，受到用人单位好评。王其平本人曾获全国"五一劳动奖章""全国技术能手""山东省首席技师"等称号。

王其平在工作车间

附录： 2015年7月23日《中国教育报》王其平事迹报道

给学生一碗水
——记山东省枣庄职业学院教师王其平

从教20多年来，王其平在职业教育岗位上，勤学苦练，攻坚破难，默默奉献，用高尚的师德、过硬的技能培育影响着一批又一批青年学子。他是职业教育专业发展的尖兵，是学生的引路人，又凭着主动钻研、锲而不舍的学习精神，掌握了一手过硬的技术，取得一个又一个佳绩。

——题记

争做职业教育的尖兵

自参加工作的那一天起，王其平就把职业教育作为自己的终身事业，立足本职，勇于探索，争做职业教育的尖兵。

为了高质量的完成每一项生产实习教学任务，力争使每个课题都成为精品，王其平精心搞好实训课堂设计。他在实习课堂上规范的教姿、教态、教风的展示，给学生留下了深刻的印象。他将欣赏性、启迪性、实效性融为一体，设计精美课件。在实习教学中，他注重突出学生的主体地位，对学生多鼓励、多表扬、多肯定，帮助学生享受成功的成就感，增强深入学习和掌握现代科学技术的信心，让学生以自己的方式分享学习成功的乐趣。在备课时，为了让基础差的学生能听得懂、掌握得好，让基础好的学生理解深刻，把握精髓，他总是潜心钻研教材，绞尽脑汁设计每个课题。讲课时，他擅长以学生现有的知识为基础，从最简单的原理出发讲透复杂深奥的理论。例如在诠释复杂零件制作时，他就先在计算机上设计出三维动画，帮助学生直观、形象地理解和掌握加工工艺；同时耐心细致、不厌其烦地解答学生提出的各种疑难问题。

他还潜心研究理论教学与实践教学的最佳结合点，实现实践教学的最佳效果。在教学实践过程中，他亲自示范，将理论、制作工艺、技巧、经验融为一体，使学生理解深、掌握牢、干得快、质量好。当学生制作工件遇到难题时，他总是耐心地帮助学生从理论的高度解疑释难，使其既学会用理论指导实践，又掌握用实践检验理论是否正确的科学方法，从而大大激发了学生学习理论的积极性和只有通过实践才能提高技术的科学性。王其平在长期的实习教学工作中，总结出"自检、互检、教师再检"和"勤走动、勤观察、勤动脑、勤讲解、勤动手、勤总结"的"三检六勤"教学方法，大大激发了学生学习科学技术的热情。2010年10月的第三届全国技工院校技能大赛山东省选拔赛，学院参赛事宜由王其平具体负责，他通过采取自由建组，积极报名，统一培训，优中选优，积极备战，选拔推荐参赛学生田鑫，获得比赛二等奖。

当好学生的引路人

好的老师必须有高尚的道德情操，有仁爱之心，率先垂范，当好学生的引路人。尤其是班主任，作为班级管理的"一把手"，对于培养政治合格、技能过硬的技术人才，实施素质教育，起着很重要的作用。在任班主任兼实习指导教师的工作中，王其平既做学生的良师益友，又当好学生健康成长的保护者和引路人，大胆、认真、耐心、细致并充满热情地对待学生。他从抓好德育入手，在德育中晓之以理，动之以情，真正从思想上正确引导学生，从生活上关心爱护学生，使学生生活在充满家庭温情的氛围之中，促进了自身健康成长。

1992年，王其平以钳工专业第一名的成绩毕业于山东省高级技工学校（现山东劳动职业技术学院），分配到枣庄市劳动局技工学校工作。在工作实践中，他常感到已有业务知识远远适应不了工作的需要。为此，他把提高专业技术水平作为高质量完成工作任务、实现自我价值的第一要务。通过多年刻苦学习，他考取了天津工程师范学院机械制造与自动化专业本科。毕业后，他又锁定钳工专业技能的前沿，自学了"特种加工技术""CAD/CAM技术""PRO/ENGINEER""UG产品设计""数控电火花加工技术"等课程，专业技术水平有了长足的进步。在ZQ30型摇臂钻和ZX50型钻铣床等产品生产、专用机床的技术改造以及工装的设计与制造工作中，他的专业知识和技术发挥了关键作用。

针对职业教育学生基础差、不自信、学习热情不高的实际，王其平特别注重培养学生的自信心，以自身求学发展的经历鼓舞学生，力争让每一个学生都能对自己的前途充满自信，对自己的专业学习充满热情。

靠一股拼劲

王其平深知"给学生一碗水，教师就必须有一桶水""名师才能出高徒"的道理。一名优秀的教师必须有扎实的学识。在钳工领域奋战20多年的他，与"拼"字亦有不解之缘，通过勤学苦练，不断提升自身技能。为了把钳工专业提高到一个新水平，他靠着一股拼劲，从钳工锉、锯、錾、划线、钻孔等基本功练起，一遍遍地锉，一遍遍地锯，一遍遍地琢磨，特别是2007年参加山东省"劳动之星"钳工比武大赛前，他认真设计参赛方案，精心筹划参赛事宜，向有实践经验的技术高手学习取经，白天奋战在实习车间，夜晚钻研学习在灯光下，深入分析每一步的操作过程，精雕细琢每一个工艺细节。在从事高强度的精密操作技术和测量训练中，为了达到项目技术要求，他反复训练，反复提高，直至精准。为此，他常常腰酸腿疼，疲劳不已，但他仍坚持不懈。

靠着这股拼劲，凭着这种主动钻研、锲而不舍的精神，他破解了一个个难题，掌握了一手过硬技术，取得了一个接一个佳绩。2005年，他在枣庄市职工职业技能大赛钳工组决赛中取得第一名，破格被评为高级技师。2006年，山东省第二届职工职业技能大赛，他获钳工组第一名，被中共枣庄市委、市政府记二等功，并获"振兴枣庄立功奖章"。2007年，在山东省"劳动之星"钳工比武中，他展示的"目测配钥匙"的超强技能令评委们惊叹不已，取得第一名。2008年，他被聘任为"枣庄职业学院首席技师"。2009年，他被授予"全国五一劳动奖章"，获评"枣庄市首席技师"。2010年，他获评"山东省首席技师"。2015年起，享受国务院政府特殊津贴。

凭借其突出的表现，王其平还先后获得"全国技术能手""山东省青年技术能手""山东省十大青年技工""山东省富民兴鲁劳动奖章""枣庄市劳动模范"等一系列荣誉，成为枣庄职业学院乃至枣庄市最年轻的青年技术人才。

2. 捐资百万元设立学生创业基金
——陈玉朋（1997级校友）

2015年6月2日上午，由深圳市亿博创瑞生物科技有限公司董事长陈玉朋捐资设立的"山东劳动职业技术学院陈玉朋先生创业基金会"揭牌成立。陈玉朋是我院1997级校友，毕业后秉承学院"诚朴厚重、崇德尚能、团结奋进、和谐共生"的办学传统和精神，自强不息，艰苦奋斗，通过个人勤奋的努力和执着的追求，创立了深圳市亿博创瑞生物科技有限公司。在自己的事业发展中，他不忘感恩母校，回馈社会，在母校设立了"山东劳动职业技术学院陈玉朋先生创业基金会"，从2015年开始连续资助100万元，用于支持学院学生自主创业。

陈玉朋与学院领导在捐赠仪式上

学院60周年校庆采访组对陈玉朋进行了专题采访，下面是这位优秀学子对学院的赤诚心声。

我是"省劳技"1997级金属切削专业学生，1999年7月毕业后，赴深圳震雄集团工作，2002年开始自主创业，通过自己的勤奋与努力，本着学习、总结、改善、做强、做大的理念，先后创立了香港亿超科技集团有限公司、深圳市亿博创瑞生物科技有限公司、广西创瑞生物科技开发有限公司等多家企业，业务范围涉及电子产业、生物制药、医疗设备、机械制造、文化传媒等，现已成长为年销售额过亿元的集团化运营企业。

回想当年在母校学习的日子，感受颇深。是母校在我的成长过程中，给予我无法衡量的财富，使我受益匪浅；是母校的培养教育，让我的人生观和价值观趋于成熟；是母校的培养教育，把我一个从农村走出来的孩子培养成为一个有用的专业型管理人才。说句实在话，当年在"省劳技"的点点滴滴，对我的人生成长起到了关键作用。班主任老师对我的谆谆教诲，使我懂得了人生的价值和目的，实习老师手把手教会了我操作技能，使我掌握了一技之长，理论课老师教会了我科学文化知识。为不辜负学校老师的培养，我在学习期间，勤奋读书，刻苦钻研实习技能，连年被评为"三好学生"，所有这些都为我的就业、创业打下了坚实的基础。

回想起来，依然觉得在母校的日子，是我整个青年时代中最快乐的一段时光。同学们之间感情深厚，老师对学生关怀备至。是母校给了我知识，带给我机会，从某种意义上说，学校改变了我的人生轨迹，对于母校的感激无以言表。

为感谢母校对我的培养教育之恩，报答母校，支持和鼓励广大在校学生自主创业成才，在母校建校 60 周年之际，我在母校出资设立了创业基金，成立"山东劳动职业技术学院陈玉朋先生创业基金会"，从 2015 年开始连续资助 100 万元，用于我院学生自主创业，希望能够激发广大学生的自主创业热情，帮助更多想要创业的学生实现自己的创业梦想。

我们的学校是培养高技能人才的摇篮，学院特别重视人才培养质量和学生综合素质的提升，希望广大在校同学珍惜学习机会，勤奋学习，刻苦钻研，早日成为国家建设的栋梁之才。

在学院建校 60 周年之际，祝愿我们的"省劳技"明天更美好！

3. 全国烟草技术能手
——杜斌（1988 级校友）

"在技校读书的时候，觉得'技师'非常了不起！当时给我们讲过课的技师最小的也有 40 岁以上，而且都是同龄人中的佼佼者。那时就想着，要是自己也能成为技师……"在山东中烟工业公司（以下简称"山东中烟"）济南卷烟厂的车间办公室里，杜斌向我们谈起了学生时代的理想。可是，杜斌的理想提前实现了。2002 年，他通过了烟机设备维修技师的资格认证。那年，他才 29 岁。

杜斌是我院 1988 级磨工专业的优秀毕业生，现任济南卷烟厂包装机技术主管、高级技师、山东中烟工业有限责任公司首席技师、济南市突出贡献技师、国家职业技能鉴定高级考评员、国家职业技能竞赛裁判员。

杜斌在工作中

1991 年，他从山东省劳动局技工学校磨工专业毕业到济南卷烟厂工作。从操作磨床转行到操作完全陌生的烟草包装机，杜斌压力巨大。为了更快、更好地掌握业务，他自觉学习设备操作说明书，虚心向周围老职工请教，不断充实自己的理论知识，提高业务技能。凭借刻苦钻研、谦虚谨慎的精神，他很快掌握了烟机设备的操作方法和维修技术，成为首批被企业派遣出国学习新设备的维修技术人员，从一名操作工迅速成长为车间维修骨干。在担任维修主管后，他尽职尽责，敢于担当，以保证产品质量和提高设备有效作业率为己任，积极开展设备点检、轮保等预防性维修工作，制订合理的维修保养计划，对设备进行全面、细致的检修保养，确保其始终处于最佳运行状态，出色完成了各项生产指标。同时，他积极开展技术革新，多次组织参与厂里重大技改项目和新产品生产工作，先后有 15 项成果获得厂及省局公司技术创新奖，3 项获得国家专利，为企业创造了巨大的经济效益。

"一枝独放不是春，百花齐放春满园。"多年来他还担任企业兼职教师，积极发挥"传、帮、带"作用，传技带徒，为企业培训了一大批操作维修骨干。培训技术人员达 600 多人次，其中 2 人取得高级技师资格，15 人取得技师资格，300 多人取得中高级职业资格，5 人在全国及省内行业竞赛中取得前三名的好成绩。通过多年的经验积累、扎实的专业技能以及良好的心理素质，他先后代表济南卷烟厂参加山东中烟第一届、第二届以及全国烟机设备维修职业技能竞赛，并连续取得第一名的好成绩，为企业争得了荣誉。

经过多年的工作积累和勤奋的学习，他于 2002 年通过了技师职业资格鉴定，2010 年通过了高级技师职业资格鉴定。作为国家职业资格鉴定高级考评员和国家职业技能竞赛裁判员，他多次参加行业内 3 ～ 5 级职业资格鉴定，技师、高级技师职业资格鉴定和技能竞赛裁判工作，多次担任省二类竞赛的裁判长及技师鉴定考评组长职务，受到了国家烟草专卖局职业技能鉴定中心及各烟草企业领导和考生的认可，被评为"烟草行业优秀高级考评员"。

"博观而约取，厚积而薄发。"杜斌勤奋进取，刻苦钻研技术，对工作认真负责，在平凡的岗位上取得了优异的成绩，先后被授予"山东中烟工业公司首席技师""济南市突出贡献技师""济南市十佳职工创新标兵""山东省技术能手""全国烟草行业技术能手""全国技术能手""济南市五一劳动奖章""山东省富民兴鲁奖章"等荣誉称号。

他说："在母校学到的知识为我现在从事的维修工作打下了坚实的基础。其实机械是相通的，像机械基础、机械制图、公差与配合、金属材料的应用、工程力学等理论知识在我现在的工作中常被用到。同时，在学校的实习过程又锻炼了我的动手能力和分析思考能力。虽然我们学的知识不如大学的知识深入，但是我们的动手能力要比大学生强得多，而且我们在学校实习工厂的学习，使我们更早适应了一线工人的工作环境和工作方式，进入企业后很快就能融入新环境，掌握业务技能，工作起来不怕脏、不怕累、踏实肯干，这正是企业需要的技术工人。我们传承了工人质朴、诚恳的本质。"

4. 以"炳贤"的名字命名

——李炳贤（1992 级校友）

在潍柴集团有一个生产线叫"炳贤生产线"，有一种工作法叫"炳贤工作法"。一个大型控股集团以一个人的名字命名生产线和工作方法是不多见的，这"一线一法"的主人就是我们学院 1992 级校友李炳贤。

李炳贤在炳贤生产线现场

李炳贤是"省劳技"电气工程专业学生，现在潍柴控股集团总装车间工作，主要负责车间设备管理及设备维护保养等工作。他有三项具体任务：一是对设备可动率、设备完好率、设备维修成本、设备检修计划等每月进行评估分析，将设备数据进行汇总并上报设备主管部门；二是对车间设备使用及设备检查、设备培训等进行评价，组织员工利用节假日对设备进行维护保养、日常维护，并督促指导检查；三是组织参与指导设备自动化项目的改造实施，实施生产线的设备现场改善等。

近几年来，潍柴集团正在推进 WOS 精益生产模式。在这种大环境下，李炳贤自豪地介绍说，他利用自己在母校所学的技能，对生产线进行了一系列生产方式的变革与改善，在浪费最小的基础上自行开发自动化设备，从人工操作到设备自动化，在自动化的基础上添加防错、自动识别与判断、自动控制等装置。

"以'炳贤'命名，我骄傲，因为我是'省劳技'的学生。从事设备管理技术工作虽然没有轰轰烈烈干出一番大的成就，但是也真真正正实现了我的个人价值，能取得今天的成绩与在母校三年的学习实践息息相关，是在学校学习踏入社会后的价值体现，也为以后的进一步提升打下了坚实的基础。"

李炳贤说，学校人才辈出，能真正培养出适应社会发展、满足社会需求的高技能人才。无论教学质量还是学校硬件设施都比其他同类院校高一筹，理论和实践相结合的学习方式既能提高学生的理论知识，又能提高学生的实践技能。家长能放心地把自己的孩子送到"省劳技"。

李炳贤还说，在学校学习，学生以学校为光荣；走出校门，学校以学生为骄傲。珍惜现在的每一天，把握好现在大好的学习机会，老老实实做人，踏踏实实做事，才能在即将踏上社会的征程中立于不败之地。即使青春不再，也会青春无悔。

5. 五一劳动奖章，应该给我的母校
——毕耜帅（2001 级校友）

2015 年 4 月 27 日，济南市委、市政府在龙奥大厦召开济南市庆祝"五一"国际劳动节暨五一劳动奖状（章）工人先锋号命名表彰大会。会上隆重表彰了各行各业、各条战线涌现出来的一大批爱岗敬业、锐意创新、奋力拼搏、成绩突出的先模人物和先进集体。其中，中国重汽销售部荣获济南市"五一劳动奖状"，中国重汽铸锻中心毕耜帅荣获济南市"五一劳动奖章"。当许多新闻媒体报道时，毕耜帅说："我就是那个获得'五一劳动奖章'的毕耜帅，是'省劳技'的毕业生。"

毕耜帅介绍说，当年他毕业于章丘第一职专，2001 年考入"省劳技"电气自动化专业学习，毕业后一直在中国重汽集团工作。他特别怀念在母校读书的岁月，怀念那时的感受。他当时学的专业是电气自动化，可当时学校还另外开设多门选修课，比如学电气的还可以兼学机械、

毕耜帅在检查电路

电商、计算机等相关课程。在实际工作中，机械类与电气类工作是紧密联系的，当时他跟随许彦彬老师学习机械铣床类工作，从基本原理到加工工艺等方面知识，都有深入的学习，最后拿到了高级铣工证。可以说，当初的专业学习和相关工种的实践为他以后的工作奠定了坚实的基础。

职业教育的目的不单单是传授知识与技术，更重要的还应让学生学会做人。毕耜帅说，虽然当时毕业于职专，学习成绩不是太好，但老师们公平对待每一位学生，且非常有责任心，积极鼓励学生。他记得辅导员尹四倍老师说，"你们现在是一张白纸，进入学校后要重新规划人生"。现在回味起来，非常有感触。人生处处充满着机会，每个人都有自己的闪光点，都可以实现自己的人生价值。只要勤奋实干，都会取得一定的成绩。

"勤勉实干，勇于创新"是他的座右铭。2004年，毕耜帅毕业进入重汽集团从事设备电气维修工作，看到不懂的就问老师傅，积极向其他人学习。通过不断学习和实践，2009年，他通过了山东省"金蓝领"培训学习，获得维修电工技师（一级）称号。2010年，他在集团公司维修电工技术比武中获得第一名，并被集团公司授予"技术能手"称号。同年，他代表集团公司参加了济南市维修电工技术比武，斩获第二名，并获得"济南市技术能手"称号。2012年，他被聘为重汽"首席技师"，2013年被授予第四届"山东省有突出贡献的技师"称号，并获得"中国重汽集团有限公司劳动模范"称号。2014年，他获得济南市第六批"首席技师"称号。2015年，他荣获济南市"五一劳动奖章"。

6．追赶许振超的码头工人
——白永亮（1985 级校友）

20 多年来，他一直扎根于生产一线，从事港口机械维修和设备管理等工作。2004 年取得技师资格，2005 年获得日照市"首席技师"称号。2006 年 3 月，他与许振超等 100 名工人一道被山东省人民政府授予"山东省首席技师"光荣称号，享受省政府津贴，并被纳入山东省高层次人才库。他就是我们学院 1985 级校友白永亮，学院 50 周年校庆时他曾被邀请回校做专题演讲报告。

白永亮从我院毕业后，来到日照港。当他看到港口那么多又高又大的装卸设备，仅一台煤炭堆取料机就价值上千万元时，便暗下决心：一定做一名合格的技术工人！

功夫不负有心人，不到一年的时间，他的技术水平就达到了别人需要三年所学的标准。毕业后的第二年，他就参加了日照港首次职工技术大赛，在 200 多名参赛选手中脱颖而出，获得了钳工专业比赛第一名。

白永亮深知"打铁还靠自身硬"的道理，他虚心向同行的师傅请教，向港机维修方面的专家请教；利用工余时间，先后系统学习了港口机械、机械制图、机械基础、液压方面的专

白永亮在工作现场

业书籍和车、铣、刨、磨等多种设备的工艺操作技能，并能在实际工作中熟练运用，提高了自己分析问题和解决实际问题的能力。

白永亮说，那几年虽然感到很累，也付出了很多，但也正是在"省劳技"积累的扎实功底和毕业后的勤学苦练，为他向技术型和管理型转变和发展奠定了坚实的基础。

1997年，日照港煤炭卸车系统翻车机进口液压油缸连续发生故障，出现齿条断齿现象，正常的卸车作业受到影响，维修油缸需要的关键部件——齿条又无备件，新购置齿条须从英国进口，周期长且价格昂贵。白永亮下决心攻克这个难关，他一面向师傅请教，一面查阅了翻车机翻车系统液压传动部分的外文图纸，看不懂就对照英汉词典，逐个单词翻译，初步了解损坏部位的基本原理和构造，并对损坏件进行了测绘，参照国内标准确定需用的加工刀具。他摸索着进行刀具刃磨改进，设计制作装夹工装。经过第一次刀具刃磨加工出来的齿条，通过试装配，在齿轮外观及啮合间隙上都存在问题，于是他又进行了刀具的第二次、第三次刃磨。经过几天的连续奋战，配件问题终于得以圆满解决，为翻车机尽快的顺利作业赢得了宝贵的时间，受到了集团公司的嘉奖。

白永亮凭着精湛的技术和全面的理论知识，在生产中的骨干作用日益显现出来。2002年，针对港口各装卸公司皮带机滚筒热包胶寿命短、维修周期长等问题，他带领车间部分人员进行技术攻关，向国内外专家学习和请教，查阅大量技术资料，制定了多种方案。攻关小组全体成员刻苦钻研和实践，每天奋战10多个小时，经反复试制，成功改进并掌握了港口皮带机滚筒冷包胶及皮带冷粘这一世界先进技术，使滚筒包胶寿命延长了3至5倍，大大缩短了滚筒更换周期。此项技术填补了日照市在这一领域的空白。

"宝剑锋从磨砺出，梅花香自苦寒来。"白永亮说，近几年来，他先后起草编制了公司

ISO9001 质量认证文件中的多项质量控制程序文件，编制了大量的工艺、工装、模具、夹具，其中多项技术改进项目获集团公司嘉奖，"修复托辊轴工艺及工装改进""自制 CO_2 气体保护自动焊机"和"托辊筒皮下料自动定位装置"成果，被集团公司评为技术革新和技术改进成果奖。这些技术革新提高了工作效率和产品质量，降低了工人劳动强度，解决了生产中的许多疑难问题。

在实现由传统力量型工人向知识型工人和高技能人才的转变中，白永亮用自己的实际行动呈现了"诚朴厚重、崇德尚能、团结奋进、和谐共生"的"省劳技"校风和拼搏向上的精神风貌。

7. 像老百姓常说的，要踏实干活儿
——孙东（1985 级校友）

工作 28 年，累计课时 14000 多个学时，培训 6500 余名学生，这位 2008 年度山东省首席技师通过在学校对实训教学多年的摸索，编订了更适合技校师生使用的教材。2012 年享受国务院颁发的政府特殊津贴，2013 年被授予"滨州市劳动模范"荣誉称号。他就是我们学院 1985 级校友、滨州技术学院实训中心主任孙东。

在我们见到孙东之前，就已经听滨州技术学院的领导和老师们说，他无论在教学还是工作方面都非常努力。其他老师休假的时候，他还坚守在工作岗位上，不断冲击额外的工作任务。

孙东在实习教学现场

28 年来，他从事技工学校的理论和生产实习教学工作，不仅要培养学校里的学生，还要对社会上的技能人才进行定期培训。别人在休假时，他依然在上班，几乎处于全年无休的状态。"在正常教学范围之外，还要对社会上的人进行培训，如果有公司要对企业员工培训的话，我们就只能利用节假日的时间，不能耽误学生们的上课时间。"孙东如是说。下半年的时间是最忙的，不仅仅是周末，就连暑假都要进行培训，这么多年了，他很少休过一个完整的假期。

近几年来，他为全市培养高技能人才、技师、高级技师 1052 人；承担市工会组织的全市职工"技能比武"；为全市机关事业单位工人技能等级培训 1600 多人，涉及 15 个工种专业、三个等级；为工会、人社局"下岗职工再就业"培训 6 个工种专业 2160 人；承担滨州学院大学生金工实训培训 1210 人，滨州市企业职工培训 4 个工种专业 2130 人等。

孙东现在是滨州技术学院实训中心主任，虽然从一线教学岗位走上了管理岗位，他自己却并没有感到轻松，"之前只用想着教好学生就行，现在多了一份责任，更要踏实干好工作才行"。

说起工作中的辛酸，孙东总是笑着说"其实没什么，这些是谁都会做的"。在工作中，他接触最多的就是实训中心的车床和各种设备。2007 年的夏天，学院实现了整体搬迁，要将所有的旧设备搬到新校区的实训车间内，"整整 21 天，记得特别清楚"。那时候，为了不耽误新学期学生正常的使用，孙东和其他十几名老师在车间里，顶着 39℃ 的高温工作，设备拆卸、安装、调试，每一步都马虎不得。每天十几个小时的高强度工作，让这位蓝领教师终于体力不支，有一个星期的时间里，都是白天工作晚上挂吊瓶。

除了教学工作，孙东带领着自己的团队组建起了实训中心服务队，免费为社区居民维修家电。"当初学校各个系都组建志愿服务队，我们在组建的时候就想着应该和其他系不一样。"孙东说，实训中心里都是老师，而且都有技术，光高级技师就有好几个，所以想要根据自身的特点来组建这支队伍。"我们有设备，老师们有技术也有时间，像服装缝纫、焊接等等都没有问题。"从最初的十几人团队，到现在所有老师的参与，这个团队在孙东的带领下定期进入社区进行志愿服务，还被授予"滨州市十佳志愿者服务组织"荣誉称号。"踏实做些事情，下一步我们还想到农村去，免费帮他们维修家电等，用我们自己的技术去服务更多的人。"

"要踏实干活儿"，是孙东的口头禅。1983 年，孙东在当时的惠民地区技工学校学习纺织机械专业，1985 年毕业，以全市第一名的成绩考入了"省劳技"。那时候，学校举办了全国第一届技工高级班，当时在全省只招收 41 名学生，他是滨州市的唯一考中者。

"在'省劳技'的时候，学习的是机械装备维修专业，1987 年毕业就回到我的母校来工作了。那时候上学期间，设备的安装和调试都是我们自己根据图纸研究。"回到滨州技术学院工作的孙东，主要从事理论和实训的教学工作。"我们学校和那些大学不一样，我们有理论课和实际操作课，学生们上完理论课之后，再到我这边进行实际操作的培训。"在他任教期间，共有学制班学生 2800 余名，短期培训班学员近 3200 名。

工作中的突出表现也让孙东获得了不少荣誉。2004 年获得了"滨州市技能技术能手""滨州市有突出贡献技师"称号，2006 年被评选为滨州市首席技师等。2008 年，他作为学院实训中心的负责人，带领他的团队完成了学校教学仪器的研发和技术设备的改造升级，并研发改进了 PLC 教仪，相比市面上的类似设备更适合实训教学。这一年，他被评为山东省首席技师，当时的滨州市一共只有 16 人。

"其实工作的时候，并没有想着要争什么荣誉，觉得应该做好的本职工作就尽心完成，就像老百姓常说的，要踏实干活儿。"

8. 把"省劳技"精神传到欧洲
——张文磊（2003 级校友）

毕业后他在山东良子保健公司上班，两年后一个偶然的机会让他走出国门，凭着在学院学习的文秘知识和太极拳叫响芬兰。他是我院第一个把公司开在欧洲的人，第一个把中国太极拳传播到芬兰的人。后来的采访，我们把他定位为海外创业成功、把"省劳技"精神传播到欧洲的杰出校友。他叫张文磊，是我院 2003 级涉外文秘专业的学生。

张文磊现在在芬兰开有一家保健公司，从事养生保健与太极文化传播工作。学院 60 周年校庆之际，趁他回国邀请北京著名保健专家和回校看望他的恩师赵为民的机会，我们校史采访组跟他进行了面对面的交流。

张文磊

采访中他对我们说，他毕业后从 2007 年到 2011 年在一家跨国公司的海外公司从事管理工作，2012 年正式辞职创办了自己的公司。目前事业发展很稳定。

他说，在海外生活和创业的过程中，也遇到过困难和挫折，但在学校磨砺的吃苦耐劳、不畏艰难的精神一直鼓舞着他，使他在创业过程中充满信心。此外，当初在学校学到的专业知识给了他极大的帮助，如服务营销学、社会心理学、形体礼仪，还有传统太极拳，都是他工作和创业中不可缺少的重要因素。

海外生活最大的困难是语言沟通和文化差异，只要克服了语言沟通问题，以及了解并适应了当地文化，以坚实的专业基础知识和吃苦耐劳的精神，就可以在当地立足。

通过多年的海外生活，张文磊感觉我们学院与很多欧洲学院有相似之处，就是注重实际操作，也就是职业技能的培养，这也是我们学院区别于其他学校的特别之处。张文磊也很感谢他的老师赵为民，课余时间学习了传统文化太极拳，使他在工作中更加优于只注重文化理论课的同学。尤其在海外，中国传统文化与职业技能的结合，使他得到了外国客户的高度认可。他的客户和学员中不乏高学历者，硕士、博士、博士后、跨国企业高管等。作为"省劳技"的一名专科毕业生，他内心也时常涌动着小小的自豪。

张文磊现在的家庭生活也很幸福，太太是双硕士学历，现在在一家大型跨国公司担任建筑设计师，女儿也已上幼儿园。张文磊非常注重对孩子进行中国传统文化的教育和熏陶，不能让孩子忘记根在中国。

最后，张文磊希望学院在培养学生职业技能与传统文化的同时，多多走出去，与世界各国的其他学院多交流，更加完善学院的体系，培养出更多有技术、有素养的高技能人才。

他祝愿我们的"省劳技"越来越好！衷心希望学弟学妹们打破传统就业观，积极创造机会，走出国门，走向世界，他在欧洲等着大家。

9. 练就火眼金睛，力求完美卓越
——刁统武（1997 级校友）

"我觉得干一行就要爱一行、专一行、精一行，把最简单的活儿、最平凡的事都做好，力求完美卓越。"这就是刁统武，中国重汽集团济南卡车股份有限公司维修钳工首席技师。刁统武是学院 1997 级装配与修理专业校友，爱岗敬业，辛勤奉献的他曾荣获全国五一劳动奖章、全国"十大创新工匠"、泰山产业领军人才、山东省优秀共产党员、山东省富民兴鲁劳动奖章、齐鲁大工匠、山东省首席技师等一系列的荣誉。他连续荣获"鲁班首席工匠""齐鲁大工匠""全国技术能手""全国劳动模范"等荣誉称号。2023 年 7 月，刁统武应邀回母校作劳动精神传承专题报告，并受聘为产业导师。

刁统武 1999 年参加工作，他扎根一线，刻苦自学、努力钻研，通过努力从一名普通

习统武在工作中

的维修工人成长为企业技术攻关带头人。2004 年，中国重汽 HOWO 焊装车间成立，从社会上招聘维修钳工，已是技师的刁统武因为有几年工作经验，顺利被录用。进入重汽的他面临的是全新的行业和全新的设备，焊接设备都是国外引进。为了尽快掌握维修技能，他天天盯在生产线上，紧跟外国专家和工程师。白天他寸步不离焊装主拼线，晚上看书、查资料、做笔记。两个月下来，刁统武竟然全面掌握了主拼焊装线的结构原理和驾驶室焊接工艺流程。

"我不是完人，但我的产品一定是完美的。"参加工作以来，刁统武特别善于学习和钻研，敢啃"硬骨头"。凭借检测数据他就能分析出驾驶室焊接过程中的问题、见图就能识别工装设计中问题的"铁本领"。在长年累月的图纸审核工作中，成千上万问题点的发现练就了他的一双火眼金睛。凭借着这番"看图识错"的本领，在智能网联新能源重卡全自动化焊装线项目中，他作为唯一一个工装负责人在会签图纸中提出问题 1400 余项，直接节省改造费用达 2000 多万元，尽己所能推动重卡驾驶室焊装线实现跨越式发展。

面对急、重、难等瓶颈问题，刁统武迎难而上，带领工作室成员完成 TH7 内饰提升工作，在短短的两个月就完成 30 多套工装的设计改进工作，使整个项目缩短周期 2 个月。他自主开发设计铰链工装折弯机，使用后不仅降低了劳动强度，而且使铰链连接板折弯效率提升了10 倍，解决了车间 10 多年没有解决的难题；同时他还为装配车间设计了风窗玻璃装配装具、TX 顶盖检验检具，为焊装车间设计了风窗检具，这些装具、检具的实施与应用，不仅提升了产品质量，而且提升了装配效率。他带领工作室成员围绕企业生产瓶颈、工艺技术改进、产品质量提升等已经解决了 300 余项技术难题，完成多条焊装线改造或新建任务：新建和改造 T7H 中宽体焊装线，改造 T7H 平地板高顶驾驶室卧铺加宽车型焊装线，完成国内首条重卡驾驶室白皮自动化焊装线——智能网联新能源重卡 NG17 和 NJ20 车型等 4 款车型焊装线建线任务。前后完成创新成果 200 余项。

2012 年之前，刁统武负责所在车间内所有的焊接设备维修和工装维修，倘若遇到设备需要维修的状况，常常连续工作 12 个小时以上。忙的时候没有点，什么时候干完活儿什么时候下班，成为他日常的工作状态。如今，他主要负责工装维修、驾驶室尺寸控制，更是成了实打实的"工作狂"。多年来，在刁统武的手中不知完成过多少项目，但其中 T5G 四开门生产线项目是他最难忘的。当时他负责该生产线安装、试生产调试、产品件验证以及后期的数据提升和质量提升等工作。生产线在厂家生产期间，由于工期紧等原因，这在当时看起来是不可能完成的任务。他带领团队人员硬是用人工焊接、人工操作的"原始"方式，在 17 天内完成了 5 辆车的驾驶室焊接，代价是掉了 10 斤肉。

2020 年 9 月 16 日，中国重汽"新黄河"高端重卡正式发布，"新黄河"首批驾驶室（34 辆）又是出自刁统武团队。他从先期的工装夹具图纸会签，到最后的 34 辆驾驶室生产出来，每个环节都全程负责。他带领测量人员检测验证所有焊接工装，对产品都逐一进行检验，针对不合格的产品做出修改方案。白天进行装配、参数／工艺验证，晚上接着进行数据分析，力求快速并保质保量地完成任务。在生产过程中，不断遇到瓶颈问题，刁统武从产品、工装、工艺以及操作等方面，反复检测测量，认真分析推敲工艺，对产品进行修复，力求精益求精，圆满完成了驾驶室生产任务。

多年来，刁统武不断提升自己的业务水平，先后掌握了三坐标测量原理分析、CAD 图和 CATIA 三维设计，现已成为集设计、施工于一身的高级技能人才。在导师带徒活动中，他主动承担了"导师带徒"工作，现在已有 10 多名徒弟具备独立维修焊接设备、自动焊装线和机器人的能力，其中 1 人获得山东省首席技师称号，2 人获得集团首席技师称号，其余全部取得高级工职业资格，现均已成为岗位骨干。因在导师带徒活动中的优秀表现，他多次获得"优秀导师"称号。

二、教师风采

1. 希望成为职教领域的"清华大学"
——袁宗杰（1985 级校友，全国模范教师，学院首届教学名师）

我从 1985 年入校，也算是陪伴学校走过了 30 个年头。在这 30 年中，我亲历了学校的发展和壮大，对学院的未来充满了信心。

我所在的机械工程系，就是在 30 多年前车工专业的基础上发展起来的。1985 年，我入校就是学的车工专业，当时的学校名字叫山东省劳动局技工学校。1988 年毕业后我又考入天津职业技术师范学院，大学毕业后义无反顾地回到母校，决心用自己学到的知识来反哺学校对我的培养。

30多年的从教经历，我为母校奉献了青春，母校同时也为我提供了广阔的舞台。从2003年起，我就开始参加或组织技能大赛，在学校各级领导的支持下，不断取得优异的成绩。2004年我被评为"山东省技术能手"，2005年被授予"富民兴鲁劳动奖章"，2014年被评为"全国模范教师"，2015年又被评为院级教学名师。学院给了我这么多的荣誉，让我觉得自己的责任很大，压力也很大。

我们系在教学方面做了很大的尝试。现在推行的是一体化教学模式。这种模式革除了传统的理论和实践分开教学的弊端，把理论和实习融合到一起，大大提高了学生的学习兴趣。

卓越技师培养是我们学院的一大亮点。我们对进入卓越技师班学生的选拔很重视，除了参考他们的入学成绩以外，还要组织教师进行考试选拔和面试。应该说，卓越技师班的学生都是我们学生中的精英。

目前，我们系卓越技师班的培养模式采用的是上午理论、下午实习的方式，这无形之中给他们增加了很多课时。卓越技师班的师资配备也是最强的，我们就配备了两名山东省首席技师和一名突出贡献技师作为他们的实训老师。卓越技师班还有完整的加课计划，加上的这两周课一般是拓展课程，这样既开阔了同学们的视野，又做到了一专多能。

教研室的建设是我院在教学改革中迈出的一大步。我觉得这是对教学管理工作的一个补充和完善。现在我是机电设备维修与管理教研室主任，这项工作对我来说也是非常有挑战性的。

在"教与学"这个问题上，我非常赞赏姜大源教授所说的一句话：教是为了不教。我们现在所教的应该是一种掌握技能的方法，而不是一种技能，也就是古人所说的"授之以鱼不如授之以渔"。但是，我们要教学生"渔"，自己必须有捕鱼的经验和捕鱼的技巧。如果自己都不会捕鱼，那么教学生捕鱼只能是纸上谈兵。有句谚语说得好："师傅领进门，修行在个人。"在机械加工这方面，我们承认是需要一定天赋的。也就是说，可能有些学生比老师更有天赋，所以才会有"青出于蓝而胜于蓝"的结果。我们常常会说：这学生我已经教不了啦！这是一件好事，说明这个学生有天赋，以后发展要比老师还要好。所以，我们不能限制他的发展，我们只能教他一种学习的方法，让他去自由发挥，这也是"教是为了不教"的真正含义。

学院在风风雨雨走过了60年，我们有了60年的历史积淀。我相信，我们学院在未来的发展中定会大有作为，成为职教领域的"清华大学"！

（以上材料采写于2015年学院60周年校庆之际）

2. 做好传帮带，为学院添砖加瓦
——宋明学（1988 级校友，山东省优秀教师，学院首届教学名师）

当年的"省劳技"，工字型的教学楼，花园式的校园，还有实习车间里机加工的机器轰鸣……当然，还有授之以渔的亲爱的老师们。校庆之际，我要向我的母校，向我的老师敬礼！

风雨坎坷，岁月如梭。我于 1988 年考入我们学院（原山东省劳动局技工学校）学习维修电工专业，1991 年毕业并考入天津职业技术师范学院，1994 年 7 月大学毕业回到母校从事实习教学工作至今，在校工作已有 20 多个年头，经历了学院从技工学校发展为全国第一所高级技工学校，又从高级技工学校成长为职业院校的发展历程。我是伴随着学院的发展和学院的培养逐步成长起来的一名骨干教师。现在也成为学院的首届教学名师，去年还荣获"山东省优秀教师"的光荣称号。

我要先回忆我的老师们，因为我们的师生情谊极其深厚，十分珍贵。我们的班主任刘文平老师，那时候几乎是从早到晚陪伴、关心和照顾着我们。哪个同学病了，只要刘老师知道了，他都会从自己家做饭带给病号吃，对待我们与对自己的孩子一样精心呵护；当我们犯错误时，刘老师会耐心教导，让我们明白做人的道理。与我们感情深笃的除班主任外，还有教我们实习课的董俊老师和黄玉海老师，是他们的辛勤付出和精心指导，使我们练就了较强的动手操作能力，才有了今天的过硬技能。从他们身上，我不仅学到了专业知识，也学到了课本以外难以学到的技能。祝福我的老师们身体安康、永远幸福！

当年，我从天津职业技术师范学院毕业时，也选择过其他工作，可心里还是特别想回到母校工作，总觉得回到母校工作才是一件无比幸福的事情，特别有一种回到家的感觉。

我在学院一直从事实习教学工作，也为学院培养了大批优秀的技能人才，有的学生已成为企业中的技术骨干、学校中的教学骨干以及公司中的业务骨干，精心指导培养的许多青年教师也已成长为学院的教学骨干。近几年来，我所指导的学生陆续获得 2004 年全国技工院校技能大赛个人第二、三名，2012 年、2013 年山东省职业院校技能大赛二等奖，2014 年全国职业院校技能大赛团体第一名的好成绩，我也获得了全国职业院校技能大赛优秀指导教师称号。

我们电气及自动化系在学生培养过程中，注重提高学生综合素质，促进学生全面发展，大力推进人文素质教育和创新能力培养，尤其重视技能的培养，在全国、全省各项技能竞赛获得了突出成绩，培养的学生获得了维修电工全国技能竞赛第 2、3、7、9 名，全国职业院校技能竞赛机械设备装调与控制技术项目一等奖第一名的优异成绩，在山东省级技能竞赛和创新大赛中也屡次获得大奖。

祝福我的母校，也祝福我的老师。我下一步的努力方向是做好传帮带，继续为学院添砖加瓦。

（以上材料采写于 2015 年学院 60 周年校庆之际）

3．把人文素质贯穿于物流人才培养的全过程
——孙宜彬（全国十大沙盘名师，学院首届教学名师）

2008 年，我大学毕业来到"省劳技"，见证了学院这七年多来的快速发展。

作为经济管理系的青年骨干教师，我先后承担了"配送管理""物流信息技术""供应链管理""统计基础""物流与供应链管理""采购管理""ERP 沙盘"等多门课程的教学任务，参与了多项省部级课题，其中"五方联动、校企育人——工商管理类高端技能人才培养模式创新与实践"项目在 2014 年被评为山东省省级教学成果二等奖。我还组织带队参加了国家及省级沙盘大赛，并先后被评为全国十大沙盘名师、全国职业院校企业模拟经营技能大赛优秀指导教师、全省职业院校物流项目优秀指导教师、学院首届教学名师等。

物流业是国家十大振兴产业之一，社会上对物流人才的需求有着较高的比例。尤其是近几年电子商务的发展，"电商、物流不分家"，更是导致物流人才急缺。与其他高职院校相比，我院的物流管理专业在发展过程中，秉承"高端引领、特色立校"，以"校企联合＋卓越技师"的培养特色，培养了一批又一批功夫过硬的优秀物流人才。

我院的物流管理专业是山东省技能型特色名校重点建设专业之一。在推进专业建设过程中，我们把企业、行业协会引入人才培养全过程。在专业的进一步深化发展过程中，我和整个物流管理专业团队，对专业方向的进一步细化，进行了深入探讨。依托物流管理专业建设指导委员会，在山东省物流与采购协会、济南市现代物流协会的帮助下，我们和山东九州通医药物流有限公司、山东速恒物流有限公司、山东佳怡物流有限公司、广州新易泰物流有限公司、山东圆通速递有限公司、山东宇鑫物流有限公司等合作，在医药物流、汽车物流、第三方物流、电商物流等方面，进行了人才培养的深入探索。在推进专业建设的同时，物流管理教研室也把工作过程系统化、典型工作任务提取等思想融合到课程改革建设中。

人才的培养，除了知识的学习、技能的锻炼，也少不了素质的综合提升。太极拳协会的太极文化、ERP 协会的沙盘文化、物流协会的物流文化，不仅成为经济管理系的特色，更是成为学院的诸多亮点。我所带的物流管理教研室团队，广泛利用这些社团活动和各级各类技能大赛，把人文素质培养贯穿于物流人才培养的全过程。我所指导的学生团队在国家级技能大赛中，获一等奖 3 项，二等奖 1 项，三等奖 3 项，省级一等奖 18 项。

60 年一甲子，60 年一轮回，过去的 60 年是学院脚踏实地、一步一个脚印发展的 60 年，是所有师生为之奉献的 60 年。而这不平凡的 60 年，也开启了下一个更加辉煌的 60 年。

（以上材料采写于 2015 年学院 60 周年校庆之际）

4. 学院为我们搭建舞台，我们为学院奉献明天
——陈静（学院首届教学名师）

互联网，无所不能。我是学院信息工程与艺术设计系计算机技术教研室主任，青年骨干教师陈静。

2002年来校任教，至今已有13年了。2002年，也是我们刚刚成立计算机系（信息工程与艺术设计系的前身）的年份。当时，全系只有12名教职工（4名管理人员和8名教师），每个年级有两个班，一共90多名学生。13年过去了，光今年我们系录取的新生数量就达到了780多人，学生的录取成绩也有了大幅提升。这就是发展，这就是前进的步伐。

这13年里，我先后讲授了十几门专业课程，专业水平和教学经验提升很快，连续多次获学院的教学质量评估优秀奖，并在教学质量考核中达到A级。参与省级以上科研课题6项，发表教学相关论文7篇。辅导学生参加各类技能大赛，其中3名同学在2010年、2011年工信部的全国软件大赛中获得个人国赛二等奖、三等奖。2014年指导学生参加全国职业院校技能大赛获得国赛二等奖，省赛一等奖。2015年全国职业院校技能大赛中3名学生获得移动互联网应用软件开发国赛一等奖，我还有幸获得了全国竞赛的"优秀指导教师"称号。

要说我们系的主要特色是什么，我觉得主要是一体化教学和校企合作的双主体办学。今年，我们推行的软件技术专业和联想集团的双主体办学获得山东省教育厅批准、省物价局审核通过。校企共同培养、共同招生、共同授课、共同保证学生就业。学生在校期间的600个左右的专业核心技能课时由联想集团的高级工程师完成授课。学生的顶岗实习阶段全部进入联想集团或其子公司或其合作企业。成绩合格，联想集团为学生推荐就业岗位。

为了确保这个"联想班"的培养质量和实效，我们与联想集团先期在软件技术专业试点了"联想特训班"，得到一致好评。按照学院要求，特训班学员将在2015年9月陆续进入知名IT企业进行顶岗实习。目前班内的苏崇元、郭冬等几名同学凭借特训班内完成的线上App，被电子政务云计算应用技术国家工程实验室（北京办事处）等几家知名企业录用，试用期起薪就是7000元。

艺术设计专业和建筑装饰专业经历了从无到有、到特色发展的历程。随着学院教学改革的推进，建筑装饰专业开设了卓越技师班，毕业生很受企业欢迎。艺术设计专业的学生在各类赛事中屡获大奖，2014年艺术专业学生代表我省参加世界技能选拔赛，入选国家集训队，备战2015年在巴西举行的世界技能大赛。

学院60周年校庆，继往开来，任重道远，机遇和挑战并存，成功和希望同在。

（以上材料采写于2015年学院60周年校庆之际）

5. 师德仁厚，桃李满园

——张政梅（学院首届教学名师）

2006 年 7 月，研究生毕业后的我来到学院工作，现任机制工艺系机械设计制造教研室主任，从事教学工作多年，主要研究方向是先进制造技术及一体化课程改革。

近十年来，学院给我印象最深的就是大家都说的"底蕴深厚、特色鲜明"，同时我还想说的是"师德仁厚、桃李满园"。这一点，我们的师资水平和历届毕业生的傲人成绩就足以说明。

2009 年，我被学院推荐参与人力资源和社会保障部推行的一体化课程改革，同时承担了学院一体化试点班的教学工作。从 2011 年开始研究并实施我院的卓越技师一体化课程改革，提出了基于三级典型工作任务的一体化课程改革方案。卓越技师是我院在全国率先创新提出的"专科学历＋技师资格"的人才培养模式。三级典型工作任务课程改革依据机修钳工技师职业资格标准，把原来学科体系下专业核心知识打碎，整合成一个个的典型工作任务作为课程学习的 I 级任务，学生需要掌握的理论知识完全分解并贯穿于 I 级任务中。目前，我们已开发出如"小虎钳的制作""蜗杆减速器逆向工程设计"等 20 个 I 级工作任务。I 级任务又按照工作过程（或工艺过程）划分成 II 级任务，II 级任务又按照技能点和知识点的融合层次和过程划分出 III 级任务。III 级任务是一个个具体的教学活动，是引导学生学习理论知识、练习技能和完成工作任务的学习过程。三级典型工作任务课程体系完全打破了传统学科体系下课程内容的序化，以工作过程为参照系来序化知识点和技能点，实现了真正意义的理论与实践完全融合的一体化课程观。三级典型工作任务的课程在注重培养学生职业能力、专业能力、工作能力的同时，还注重培养学生的方法能力、分析解决问题能力、社交能力、创新能力以及职业道德、职业精神和职业素养，体现了综合职业能力的培养。

几年来，我先后发表教科研论文 10 余篇，并有多篇论文在各级评比中获奖，多次参与省教育厅、省科技厅教科研项目。其中，参与项目获省部级科研二等奖 1 项，省科技进步二等奖 1 项。出版专著 1 部，主编教材 5 部，参编教材 3 部。2012 年，我所指导的三名学生参加第四届全国技工院校技能大赛山东省选拔赛机修钳工的职业竞赛获得一等奖 1 名，二等奖 2 名，我自己也被授予"优秀指导教师"称号。

建校 60 周年，我也感慨万千，汇成一句话——学院的明天会更好！

（以上材料采写于 2015 年学院 60 周年校庆之际）

6．作为教师，一是爱学生，二是有职业教育意识

——任东梅（学院首届十佳师德标兵，学院首届教学名师）

在我校 60 周年校庆之际，很荣幸能作为基础部教师代表接受访谈。此时，谈论学校的 60 周年，我是带着深深的感恩之情来回顾我在学校的成长历程的。

我从 23 年前的一名普通教师成长为今天的一名教授，与学校给予的最佳成长环境、工作氛围、领导关心、生活愉快是密不可分的。我工作的 23 年，是学校不断跨越腾飞的 23 年，从山东劳动局技工学校到山东第一所高级技工学校，再到山东劳动职业技术学院，学校经历了不同寻常的发展。从中等职业教育到高等职业教育，从教务处统辖管理教学到六系一部的二级教学管理机构建设，也是我们从技工教师到大学教师的跨越式发展，成为我们成长过程中难以忘怀的宝贵经历。

我现在是英语教研室主任，担任高职英语教学工作多年，也曾担任班主任 2 年，教授课程包括电工学、电子技术、高职英语等。近 5 年主持研究课题 6 项，已结题 5 项，曾获得山东省人社厅"优秀教师"、"优秀共产党员"、"学校首届师德标兵"、"学校首届教学名师"、山东省高职高专实用英语大赛"优秀指导教师"等称号和山东省第七届中外教师外语教学三等奖、学校教学质量优秀奖等奖励。

"高职英语"分层次教学一直是我们教学研究的重点，如何因材施教，如何处理好学生学习、教师教学、教学内容三者统一，如何处理教与学之间的协调配合，是英语教师不断挖掘教学理论和教学实践相互关系的过程。学校从学生入校即进行第一层次的分班，主要根据学生的入校类别、考试成绩、专业学习情况进行班级分层；学生军训之后，进行第二次分班，选拔卓越技师班的学生；英语教师课堂授课进行第三次分层，教学内容、教学任务和教学测试进行多样选择，同一个班级进行不同层次的教学是我们研究的主要内容，不同的学生可以选择不同的内容、任务和测试，尽可能达到因材施教的教学目的。

作为一名教师，我认为两点最重要。一是爱学生。尤其我校的教师要爱学生、尊重学生、严格要求学生，才能慢慢激发学生学习的兴趣。爱学生，不是纵容学生，不是不管学生，而是要公平对待、严格要求。公平对待每一位学生，是可贵的，不能因为学生个人特点和爱好，教师给予差别待遇，这是非常不可取的。从具体教学环节中，教师公平对待学生，一视同仁评价，对学生影响深远。对英语学习接受能力强的学生，教师可以加大难度，对学习能力较弱的学生，教师要给予关爱和鼓励，教学过程本身就是爱学生的过程。严格要求学生能够培养学生努力学习的习惯，激发学生脚踏实地的学习态度是教学的重要任务之一。

二是要有职业教育意识。职业教育一直贯穿于我校发展的始终，职业教育的本质和特点需要教师深刻领会和学习。年轻教师大部分是本科以上学历学位，教育理论扎实、专业能力突出，到新的岗位工作不仅要了解工作特点和任务，还要了解学校的办学性质和特点，只有

这样才能较快适应高职教育的教学要求和教学任务，胜任本职工作。

祝愿我校在今后的发展中，步伐更稳健，未来更美好。

（以上材料采写于 2015 年学院 60 周年校庆之际）

7. 培养更多身怀绝技的高技能人才
——赵为民（中国武术七段，陈式太极拳传人）

今天，我想从我一生钟爱的太极文化和太极传承说起。

太极拳在我院已经有 20 多年的传承历史。1991 年，在学院领导的支持下，我开始向学生们传授太极拳法。1995 年学院春季运动会开幕式组织了太极拳表演，太极拳引起师生关注，练习太极拳的老师和学生队伍逐步壮大。

太极拳运动在我院的传播主要经历了三个阶段。第一阶段以社团推广为主要形式，加深学生对太极拳的认识。2002 年学院成立武韵武术协会，以社团的形式向学生们传授武术太极拳法。每天早上二三百名学子练习太极拳的场景成为学院的一道亮丽风景线。太极拳文化由此开始在学院扎根、发芽。第二阶段以系部为阵地，以人文素养课为载体，全面普及太极文化。为提高学生综合素质，培养学生的公民道德、职业素养，结合学院技能型特色名校建设，学院还专门为新生开设了人文素质教育课程。我主要为学生讲授太极文化课程并传授中国武术段位制陈式太极拳。第三阶段把太极拳的研究提升到理论科研的高度，形成相应的理论体系，再向其他院校推广。

推广太极是一项事业，不能只靠一个人的力量。在学院的支持下，在学生的努力下，我们参与了多次太极拳相关赛事，获得了优异成绩，给学院争得了荣誉。如 2013 年 5 月组队参加国家体育总局武术管理中心举办的全国武术太极拳比赛获得三金、四银、四铜，2014 年 10 月组队参加世界传统武术锦标赛夺得一金、三银，当然还有之前的多次优异成绩。这些成绩的取得引起了媒体关注，《齐鲁晚报》《山东商报》和山东省体育局网站等媒体都曾对学院推广太极、参加太极拳比赛取得优异成绩的事件进行报道。国家体育总局武术管理中心段位办公室主任康戈武、山东省武术院（山东省武术主管部门）书记翟寿涛等武术界领导都指出，像我们山东劳动职业技术学院这样的非体育院校，能够传承传统武术文化，注重太极拳的教学，并能取得优异成绩，如此案例值得学习、值得推广。当然我个人也取得了一些荣誉，比如 2013 年被中国武术协会授予全国武术段位"百名优秀考评员"称号等，这些都离不开学院对我的大力支持与帮助。

"人一生能专心做一件事就足矣"，这句话是我的恩师李恩久先生教给我的。在我受益的同时，我也把它传授给了我的学生。在太极文化的影响下，我的学生锻炼身体，磨练意志，开拓视野，更好地学习与生活。甚至有的学生毕业后，在工作岗位上也充分发挥太极拳的特长，积极推广太极拳运动，也取得了很好的成绩。徒弟张文磊，在德国的推手比赛中获得金牌，他后来被德资企业聘去做太极拳教练，后到芬兰发展成立了芬兰太极经脉养生保健公司，芬兰《赫尔辛基报》曾对其在芬兰推广太极作了专题报道，我国驻芬兰大使马克卿也跟随张文磊学习过太极拳。徒弟董震因有太极拳特长，被莱钢集团录取，在莱钢成立武韵太极协会推广太极拳。《莱钢日报》及莱钢电视台作了详细报道，并邀请我到莱钢作太极拳主题讲座。学院学生宋亚汝写的《学练太极，青春无悔，有了太极，来省劳技不后悔》一文，至今令我感到欣慰。她曾经在山东省武术太极拳锦标赛比赛中获得太极拳套路金牌，又在洪均生太极拳交流大赛中获得过女子太极鞭杆一等奖。

除了传播太极文化，作为学院经济管理系房产物业教研室主任，我认真履行好我的教学管理职能和教学任务。教研室的工作需要全体教师的集体合作，我们教研室老师所学专业比较复杂，这对专业的发展不利，但也有一定的好处，可以充分融合多方智慧，促进专业提升。

（以上材料采写于 2015 年学院 60 周年校庆之际）

8. 让学院成就我们，让我们为学院添彩
——王芳（享受国务院政府特殊津贴专家，济南市高层次 D 类人才）

34 年前，我以无奈与不甘的心情来到山东省劳动局技工学校报到。之所以说不甘与无奈，是因为我的父母均是教师，我从出生就置身于学校，少年的我希望通过大学的学习来改变生活环境。但不巧的是，我还是成了一名和父辈一样的人民教师。没办法，那就随遇而安吧。随着教学生涯的不断进行，我也慢慢地爱上了这个职业，给自己定了一个小小的目标：成为像父母一样的优秀教师。

34 年过去了，现在的我有了一定的成绩。回想 34 年我走过的教育教学和管理之路，我深刻地体会到，没有学校的发展，就没有我今天的成绩。34 年来，我经历了学院从山东省劳动局技工学校到全国第一所高级技工学校、到山东省第一批高职院校的跨越式发展；参与了学院迎接的两轮教育部人才培养水平评估、山东省首批技能型特色名校建设工程以及现在正在进行的山东省优质高等职业院校建设三个高质量发展阶段。我忘不了在各个高质量发展阶段，学院领导特别是主要领导也放弃暑假、放弃国庆节假期，为了学院申报材料更加完善而研讨到夜里 3 点的情景；我忘不了在建设阶段，我和老师们仔细研究精品课程申报内容的点点滴滴；我忘不了在名校验收阶段，各系部负责人、专业带头人、骨干教师以及相关部门的同志们为了验收材料的规范、全面，不顾家里幼子吵闹不睡等妈妈回家的困扰，甚至有的老师将自己累进了医院；我忘不了自己的课题组成员在课题研究过程中的争论不休和相互补台……正是这些不怕辛苦、不计报酬的忘我工作，我们山东劳动职业技术学院这个舞台才更加坚实与稳固。正是我踏踏实实参与甚至亲自完成了一些艰苦和富有

挑战的工作，我才能有今天的成绩。我想跟老师们说：学院就是我们发展的强大后盾，有了学院的稳健发展，才有我们教师出彩的机会！所以，我希望我们每一位教师都能够珍惜我们学院现在来之不易的稳定局面和发展态势。只有我们学院这个舞台更加坚实、更加宽广、更加有活力，舞台上的每一个演员才能有更好的展示自己才华的机会；我希望我们每一位教师都成为学院这个舞台上的优秀"舞者"，将自己最优秀、最美好的才华展示出来，让学院成就我们，让我们为学院添彩！我也希望我和我们这一代老教师一起，将我们几十年教育教学的心得与体会悉数传授给年轻教师，让我们的年轻教师少走弯路，多出成绩，出好成绩，为我们学院的辉煌再做贡献。

祝愿我们祖国蒸蒸日上，祝愿我们学院蓬勃发展，祝愿我们的每一位教师事业有成、阖家安康！

9. 把勇于创新的精神教给学生
——程厚强（泰山产业领军人才，全国技术能手，全国优秀指导教师，
山东省技术能手，山东省优秀教师，山东省省直机关优秀共产党员）

不知不觉，我已经在三尺讲台上耕耘了16年。16年的坚守和努力，我收获了"全国技术能手""山东省高校科教兴鲁先锋党员"等荣誉；我教的学生有22名在国家级、省级、市级技能大赛中获得奖励。之所以能够取得这样的成就，一靠对技工教育事业的挚爱，二靠勤奋，三靠创新。

高技能人才培养必须紧密对接生产实际，教师教给学生的知识、技能必须是新鲜、实用的。要想给学生一杯水，自己不但应该有一桶水，而且应该有源源不断的活水。每逢假期，我都主动深入企业一线，破解生产难题，及时了解、吸纳新技术、新工艺。2011年，我去往欧姆龙自动化（中国）有限公司上海分公司学习先进的传感器技术及企业管理文化。2012年，我赴韩国学习先进的职业教育理念、生产性实训教学和小班导师制教学。通过学习，我不断更新技能，让自己的课常教常新，让课堂充满魅力。我积极探索和创新一体化教学模式，努力使理论教学与技能训练融通合一，能力培养与工作岗位对接合一。在教学过程中，我注重启发，反对"满堂灌"，着力培养学生的思维能力；遵循因材施教的教学原则，对学生实施分组教学、分类指导。"要学生学"真正变成了"学生要学、喜欢学"，因此，学生喜欢上我的课，这让我非常自豪和满足。

2008年，全国"毕昇杯"电子创新设计大赛举行。我带领学院两年制学生商庆东、张则钦和赵万营，与清华大学、大连理工大学、山东大学等全国知名大学的选手同台竞技，一举拿下一等奖的好成绩。喜讯传来，振奋、鼓舞了全院师生。在2010年举行的第三届全国技能大赛中，学生刘欢参加无线电装接调试比赛，取得了三等奖。当时，学院还没有设置无

线电专业，我利用业余时间学习、求教，带领学生一同刻苦钻研，最终把这个陌生的专业学通了，并且成了高手。天道酬勤，全国三等奖的好成绩是最好回报。

我知道，教书育人是自己的职责，发明创造、造福社会也应是职业院校教师的职责。我有 5 项发明创造获国家专利，惠及社会和群众，获得了广泛赞誉。2012 年，我为章丘市人民医院设计睡床监护系统，解决了重症患者和婴幼儿 24 小时基本生命体征监护问题，减轻了医院陪护人员的工作压力，省去了患者每天 128 元的特殊监护费。2012 年，应济南华凌电缆厂的邀请，我为其开发设计了高性能导线测试台，解决了高性能导线的测试问题。2013 年，我为章丘市人民医院设计了诊室检查床自动铺床机，该系统能够实现一键自动铺床，大大节省了劳动力。

能把技术技能以及勇于创新、善于创新的精神传授给我的学生，是我最开心的事情。

10. 厚德精技，把育人作为自己毕生的追求
——冯冲（全国五一劳动奖章获得者，全国技术能手，
济南市技术能手，学院第六届十佳师德标兵）

2013 年，怀着对教师岗位的憧憬和热爱，我如愿成为一名光荣的人民教师。因深知教育工作者神圣的职责与沉淀的责任，我一直不敢放松对自己的要求。

2014 年，我积极承担起广告专业 UI 设计课程的新课开设和授课工作。UI 设计课程主要学习手机端 App 设计，课程内容更新频繁，我大量搜索素材，再消化成能给学生讲解的知识，工作量十分庞大，熬夜备课是常事。经过不断地更新与沉淀，UI 设计课程被立项为校级开放课程、第一批优质课建设课程，得到学生和老师们的一致认可。

几年来，在教学能力比赛的路上，我一直没有间断过。2018 年，我获得山东省第五届"超星杯"高校青年教师教学比赛二等奖。2020 年 12 月，我以济南市第一名的成绩参加省赛，获得全省二等奖，被评为济南市杰出技术能手。2022 年，得知要举办全国第二届工业设计大赛包装设计师比赛消息后，我与学生、教练团队，立刻积极投入到备赛工作中。因为专业授课、教学管理、照顾家庭等各种事情，总会分散备赛的注意力与精力，为了挤时间备赛，我每天只睡 5 小时，上午工作，下午和晚上备赛，不会的知识点、技能点就买书学、上网学，不理解的包装盒细节，就一遍遍的打印样稿，自己裁、折、拆，研究纸盒结构，双手满是裁纸盒时被划破的刀痕，上厕所都是跑步来回。经过半年的努力，我以省赛第二名的成绩获得国赛资格，凭借前期刻苦的努力、充足的准备和良好的心理素质，最终获得国赛包装设计师（职工组）赛项全国冠军，获得全国技术能手、全国五一劳动奖章。一步一个脚印，我知道，因为爱，所以严，作为老师，必须教好每个学生，让他们成长为更优秀的自己，成为对国家、社会有用的人。

爱心是教师工作不竭动力的源泉。2013 年入校起，我担任了 3 年专职辅导员，带了 6 个班 253 名学生。因刚入校，不熟悉教师的业务工作，每件事情都需要花费大量时间精力去处理，几乎每日都是凌晨才休息。3 年期间，我与所带班级同吃同住，住在学生隔壁宿舍，学生推门找我谈心是常态。"有你真好"是学生毕业时给我的留言。简短的四个字，是我最有底气的动力，支撑着我继续将自己的热爱浇筑在教育这片热土上。

现在，我被选拔为系副主任，岗位虽然变了，但我服务师生的心不变。责任在心，担当在行，我将继续不忘初心，砥砺奋进。

三、往事回忆[①]

1．实习工厂对实习教学发挥着重要作用
——苏永勤（1965 届毕业生，原学院党委委员、教务处处长）

我是 1962 年来到学校读书的，见证了学校的发展。现在虽已退休，但对学校仍有着深厚的感情。

60 年的发展，学校从小到大，培养的学生有十几万人，遍布在全省全国各地，许多优秀的学生已经成为企业的骨干人员，培养的学生受到社会的认可，可以说为山东的经济发展做出了巨大的贡献。总体来说，这与学校的办学宗旨密不可分。学校旨在培养动手能力强、踏实肯干的一线工人，学生将来能否成为管理人员、技能人员，还要看以后的发展。

我校实习工厂是根据苏联模式建立的，建立初期技术设备比较落后，主要生产一些比较简单的工具。从 1962 年才开始生产机床产品。M612K 机床是从上海机床厂引进的，当时我参与了第一台产品的试制，整个生产过程使我们的生产技术提高了很多。没有产品就没有工厂的生存价值，只有找到合适的产品才能更好发展。那时的培养模式是"二元"模式，即理论教学与实习教学双管齐下，学生学到理论知识后直接在实习工厂实习，参与到真实的生产环境中，更快地提升技术。我校实习工厂对实习教学发挥了非常重要的作用。

1969 年学校改为济南第六机床厂，学校理论教学方面受"文化大革命"冲击，遭到很大破坏。但那段时间，工厂得到很大发展，大量引进设备，生产能力大幅提升，产品种类扩大为十几种。同时，理论教师去工厂学习实践技能，技术水平得以提升，为以后的实训教学奠定了坚实的基础。

我在教务处干了 10 年，深知教学工作对一所学校的发展起着至关重要的作用。那段时间，在课程设置方面，以专业课为主，基础课设置的比重较小。学校处在高级技校阶段时，在校

---

① 注：以下内容均采写于 2015 年学院 60 周年校庆之际。

学生规模不大，一般在 800 至 1000 人。2000 年，校领导为了学校的更大发展，将学校改为山东技术学院，同时抓住国家大力发展职业教育的机遇，将学校发展的层次提升至高职院校，这是学校发展的重大跨越，以后招生规模不断扩大，专业种类增加。但招生规模扩大带来的相应问题就是学生实习资源的短缺，为此学校建立了实训中心，与理论教学、实习工厂一并成为学校的"三元培养模式"，可以更好地满足教学的需要。

学校发展到现在，经历了 60 年的风风雨雨，取得了很大的进步。但我也衷心希望学校继续坚持现有的办学方向，培养更多的具有一流动手能力的优秀学生。教师要充分利用多种教学方法，活跃课堂气氛，让学生热爱学习，提高教学效果。同时要严格管理学生，坚持考试入学，严把招生大关，加强责任心，管理好课堂秩序。

借学校 60 周年校庆之际，祝愿学校越来越好，越来越强。

2．我是第一届毕业生，真正的元老级学生
——王树范（学院首届毕业生，原教务处副处长）

今天接受采访，我非常激动。我是学校的第一届毕业生，真正的元老级学生。1956 年 8 月进校，1958 年 8 月毕业，1999 年退休，在学校经历的点点滴滴就像昨天发生一样，历历在目。

在校工作 42 年中，前 30 年，我主要负责实习工厂的技术管理、设备管理工作，为以后 12 年的实习、实训、理论教学管理奠定了扎实的基础。记得我们第一届学生是 328 人，有 150 人留校，其余的人都去了大同机车工厂，这是上级机关制定的合同培训，必须要去，是为了祖国的社会主义建设。当时，我是学院培养的唯一的一名工程技术人员，毕业分配就到了实习工厂技术科，负责产品的设计研发，而后管理工厂的设备制造和维修，大部分实习教学设备都是出自我手；我还改造了很多设备，如把 6 米龙门刨改造成 12 米龙门刨；在教学车间为了配合实习教学，我研制了 35 台 C620-1 车床，装备了两个实习场地，按照当时的苏联模式和劳动部"一人一机、一人一工位"的要求，自己研制设备，创造价值保证生产，想起来真的是非常自豪和骄傲。

我见证了我们学院历届领导的沿革更替。学院发展快，由技工院校发展成了高职院校，现在又是山东省示范性名校。通过学校培养技工的途径，改变了师徒制的局限性，几个老师就可以带领 25 人以上的班级实习教学。学院经历十几次的易名，为山东省技工教育和职业教育的发展做出了不可磨灭的贡献，"省劳技"这面旗帜在齐鲁大地会一直飘扬下去。

1990 年，学校接受全国首届青年奥林匹克技能竞赛考验，我们选拔了车工和钳工各 6 名学生参加竞赛，在济南赛区进入前 4 名的都是我们的学生，省选拔赛前 2 名还是我们的学生，最后有 3 名学生代表山东省去了湖北十堰参加全国决赛。全国机械行业 50 万名选手参加选拔，最后每个工种各自选拔了 50 名选手参加选拔，主要是在职青年工人，我们

的选手是全国唯一的技校生，真的太激动了。决赛非常严格，我们获得了车工第 7 名和第 9 名、钳工第 12 名的好成绩。最后这 3 位同学全部留校工作，为学校的发展做出了很大的贡献。我们载誉归来的时候，山东省劳动厅的领导、学院全体领导和全校师生在校门口夹道欢迎，场面宏大，令我一生难忘。我这一辈子做了很多事情，组织上也给予我很多的荣誉，如"全国优秀教育工作者""山东省劳动模范""山东省优秀教师""优秀共产党员"等。

当前，我们学院开始了新的征程，确定办学方向，开展轰轰烈烈的名校工程建设，在全国独创了卓越技师班，开创了校企合作的新路子，建设长清新校区，购置了上千万元的设备，满足了教学需求。愿我们学院在新的十年中更上一层楼，创造新的辉煌。

3．刘校长打饭与张书记两筐苹果的故事
——马齐光（原学院党委办公室主任）

咱们学校建校于 20 世纪 50 年代，当时省劳动厅把学校称为山东省劳动技校总校，下设 9 个地区分校。当时的党风建设非常好，老师们一心一意干事业、谋发展，学校的领导干部也从来不搞特殊化。我主要列举两个真实的故事给大家说一说。

第一件事情是刘校长打饭。当时的刘子陵校长做事很公平。有一天中午去教工食堂打饭，食堂的师傅看着是校长来了，盛饭的时候就多给刘校长盛了一勺子米饭，也就是说比每个职工定量多了一勺子饭。当时，刘校长把饭碗一放，指着碗里的饭对师傅说，既然给我打这些，那么以后教职员工都按照这样的标准来打饭。这个事情搁在现在来说可能不是什么事情，但在当时的困难时期却引起了不小的轰动。从这件事情也可以看出当时的领导班子和领导是如何的廉洁清正、以身作则。

再给大家说说另外一个故事。记得有一次过节，我们下属的威海技校分校的领导来总校学习培训，顺便给总校的领导带了两筐当地的苹果。大家知道，烟台、威海是盛产苹果的地方，带些家乡的特产送给上级领导真算不了什么事。可我们张大武书记当即决定把两筐苹果送到学校的幼儿园，送给小朋友，送给祖国未来的花朵们品尝。这件事情充分体现了学院党委领导不牟私利的优良作风。事情传开后，学校职工都特别感动，我认为这种品质应该值得历届领导学习。像这样的事情，这样的故事，这样的精神，还有很多很多。

我还记得非常深刻的是"星期六下车间义务劳动"。当时的《济南日报》都过来采访，作了专题报道，这是张伟光老师带的头，后来被大家一致赞扬学习，他还获得了"新长征突击手"的称号。在"文化大革命"时期，还有这样勤奋学习、努力工作的职工，用现在的话来说应该点赞。

对于学校的校庆，我亲自参与组织了三次，40 周年校庆的时候，我主要负责编辑学校

的政策制度。当时学校的事情非常多，为了学校的工作，我坚持工作，晚退休了一个多月，迄今我都退休20多年了。学校现在的许多情况都是通过校报来了解的。我记得校报是1998年创立的，当时叫《鲁高技青年报》，是团委那帮年轻人创办的，后来由宣传科接办，更名为《鲁高技校报》，再后来又改为《山东技术学院报》。校报办得非常好，有特色，接地气，我们这些退休的同志非常喜欢，希望坚持下去，这也是学院的文化资产。

最后，我建议加强关工委的工作，加强对学生的管理，比如卫生、纪律，不要乱扔垃圾和通宵上网。此外学校要多搞些活动，如诗歌朗诵班、合唱团等。

4. 欣逢母校华诞一甲子，喜看学生成才千而万
——陈国兴（1966届毕业生，退休教师，书法家）

我在咱们学校学习了三年，于1966年毕业。毕业后当了12年工人，1978年恢复办学后又走上教学岗位。在教学过程中，和学生在一起，我感觉自己虽然生理年龄在增加，但是心理年龄却没有变老。学生有什么难事儿、愁事儿，学生之间的小矛盾、小问题、小苦衷，他们都愿意告诉我，我也愿意与这些孩子们交朋友。老师有的时候就像他们的家长一样，有的时候又像他们的大朋友一样帮助他们，和他们一起成长。

那个时候，我们既是实习教师又是班主任，有时还会跟他们住在一起。我们也会尽量去调剂和丰富学生们的课余生活，在教给他们知识、技能的同时，给他们以文化艺术方面的熏陶。比如那时候我们举办"每周一歌"的活动，很多当时流行的歌曲，我们都教给学生，因为当时咱也是"文青"一员，特别喜欢这些东西。我们还领着学生办黑板报，和学生一起设计、一起画画、一起练字，指导学生注意板报中字体的变化、色彩的搭配以及板报格式的设计。学生很喜欢做这些事情，尤其是当板报评比获奖后，他们会更高兴。我们希望通过调节和丰富学生的业余生活，让学生喜欢我们学校，喜欢学习，喜欢交往，并从中得到乐趣。

我想再说说我的艺术追求。我年轻的时候就很喜欢写写画画、吹拉弹唱。兴趣是最好的老师，关键还在于坚持下去，如果你能刻苦钻研、不懈追求，就一定能取得成绩。在我的书法艺术之路上，著名书法家王仲武老先生给予我很多指导。我和王老先生在"文化大革命"前就认识。王老先生说，在中国五千年文明史中，中国汉字字体有一个渐变过程，大篆、小篆、汉简、钟鼎文、隶书等，应该临摹一些古人名帖，隶书中有篆意的作品也应该临习一些。后来随着汉简作品的更多出土，我发现当年的汉简书写者并不是名人，所以在书写的过程中有更多率真的意蕴在里面，显得更加自然、洒脱和不羁。比如有的竖笔，拖得很长，占到若干格次，这正是他直抒胸臆的表现，淋漓痛快。我的书法特点也是隶书

中有汉简的韵味，跟我临的这些帖子有关。"老牛已知夕阳晚，不用扬鞭自奋蹄。"我当继续前行，努力提高。

说到乐队，那时候的音乐歌唱比赛，实习教学部门几乎每年都是一等奖。我位列其中，担任指挥和组织协调工作。我们曾经组织过百人大合唱，唱的是《长征组歌》《黄河》，那么多人一起演唱，真是气势磅礴。我的体会是：人的潜能是无穷的。开始我只是粗通乐理，纯属业余爱好，后来也一步步被推至前台。

今年，时值我院建校 60 周年，我撰写了一副对联送给我们学校：欣逢母校华诞一甲子，喜看学生成才千而万。

5. 悟是明白的源泉，悟是糊涂的了结

——田太铭（1962 届毕业生，退休教师，书法家）

我初中是在咱们学校旁边的济南九中上的，初中毕业后报考了青岛纺织学院。没想到，当年因为成绩突出被"省劳技"留下了，那时候叫山东省劳动厅机器制造学校。入校后我真是大开眼界，学校管吃管住还发钱，感觉真幸运。四年中专后毕业留校，我先后在工厂和教务处工作，2005 年退休。

说起书法，我从小就喜欢，退休后重新拾起了这个放不下的爱好。但可能年纪大了，感觉练得有些吃力。看到有人写"招财进宝""日进斗金"等组合式书法作品，人们都很喜欢，我灵机一动：我是不是也可以多创造一些这类字体呢？

我发现这类字体大多是通过笔画的借用和重新组合而成，于是就自己琢磨创造了一些这类字体，比如"双喜""家和万事兴"等，我给它取名叫"组合体"。还有比如"山高人为峰"，我用嵩山的嵩字加写法达意，取名叫"意会体"。截至目前，我已经创造了 400 余个这样的组合体。前段时间，我经人介绍去国家版权局登记注册，目前已经获得"双寿图""组合体"和"意会体"三种书体的登记证书。

我觉得没有文化就悟不出道理。当年我学钳工的时候就是如此。师傅可以传授你知识技能，学不学得会，关键看你的悟性。你的文化知识越多，悟性越强，学得越快。我常常说一句话：悟是明白的源泉，悟是糊涂的了结。我一直认为文化应当是领先于一切工作的，是走在社会前头的。

我的爱人和孩子对我的书法创作都很支持，有这样一个和谐幸福的家庭，我很开心，对社会也很满意。我感觉特别幸福！

6. 那个时候，产品才是硬道理
——李宝良（建校元老，原实习工厂副厂长）

我叫李宝良，是 1956 年 4 月调到咱们学校来的。从 1956 年至 1962 年，我一直在教学岗位工作，1963 年转到实习工厂从事技术产品的研发和技术施工工作。1969 年 11 月学校改成工厂，1978 年 5 月恢复技校。为了更好地培养学生，1962 年下半年，学校主要领导带领 8 个人到上海机床厂学习万能工具磨床，一共学习近 20 天，带回了图纸和工艺资料，回校之后我们便开始试制，到 1963 年试制成功。

工具类磨床在我们学校试制成功，弥补了省内空白，填补了计划经济的缺陷，为学校学生的实习产品打下了基础。产品过硬，是由于经过了机械制造各方面的车、铣、刨、磨等各个过程，也包括电器部分，对于我们培养技术工人应该说是非常全面了，就成了我们当时的实习产品。因此我说产品才是硬道理。到 1978 年"省劳技"共生产产品 3156 台，为培养高技能人才做出了重大的贡献。这些产品的工艺性好，结构复杂，非常适合学生学习，学校的发展离不开它。

从建校初期的三四百人到现在的一万多人，我们为学校的发展感到由衷高兴。咱们学校当时因为有了这种产品而形成规模。1992 年，咱们学校是办展览会的主导学校，负责产品的展览和布置。从当时的规模来看，咱们学校的规模是省内较高的，因为当时其他学校只是很简单地制造零件，而咱们学校生产机床，且比他们的规模都大。

1973 年，我们根据当时国民经济的发展需要，采取措施，组织了新产品试制小组。我是小组的副组长，搞了三四个月，也进行了市场调查，当时正好赶上国家一机部根据磨床的十年发展规划，组织咸阳机床厂、济南第六机床厂、天津第七机床厂并淘汰 M5M、M612K、MW6020 等老产品进行更新换代。这里有一个有趣的故事，我们在 1962 年至上海机床厂学习，时隔 14 年，到 1976 年 4 月又增加了天津第七机床厂，联合设计 2M9120 多用磨床，这是模仿美国的产品，后来这个产品竟出口到了美国。这个产品在我们单位生产了 1200 多台，当时派我和周洪德作为主要人员参加研发。当时组长是咸阳机床厂的支部书记，他带领着 24 位大学生联合搞设计。到 1977 年 1 月，我们俩夜以继日，不到半年时间就试制成功。当时的咸阳机床厂对此还有些不服气，他们认为应该在咸阳首先试制成功，没想到让我们抢先成功了。

换代后的产品由山东省机械工业局组织进行鉴定。鉴定方认为我们的产品具有美观大方、体积小、重量轻、操作灵活、一机多用等特点，并且是我国自行设计、具有独特性能的新产品，为我国机床发展增添了新的品种。此产品即 2M9120 磨床增加了液压系统，取代了老磨床，被定位为学院当时的主导产品，为学校培养高技能人才做出了积极贡献。

职业教育也是如此，国家教育层次中既要有搞科研的认识世界，也要有搞技术的改造世界。据不完全统计，到 1993 年，我们厂就出口了 2M9120 磨床 54 台。20 世纪 80 年代，我们的很多磨床产品填补了国内空白，还有很多产品是国家计委统一分配的，由物资部统一拨钱购买。1985 年后市场经济逐步发展起来，我们又积极参与国内外的机床产品博览会。第一次参加博览会是引进瑞士的产品，与成都工具研究所共同研发的，获得了全国科学大会奖。但这个产品由于配套技术的影响，后来被 2MBD7125 取代不再生产了。

回忆我们学校的发展，通过各种机床产品，我们的技术力量不断提高，"省劳技"培养的学生也得到了企业和社会的广泛好评与认可，我们为此感到骄傲和自豪。祝愿学校明天更美好！

7．学校发展到何时都应该把德育放在首位
——张捷云（建校元老，离休老教师）

我是一名离休老教师，在我们学校工作过 40 年，基本上经历和见证了我们学校早期和中期的历史发展。60 年来亲历的风风雨雨，60 年间的心血和汗水的付出，占去了我有为之年的大部分时间，在我心灵深处镌刻下了难忘的印记。那个时候，我时刻关注着学校的变化，即使在完全脱离岗位以后，也时刻心系学校发展。

回顾历史，追根溯源，我们学院原是一所技工学校。它创建于 1955 年 1 月 18 日，当时学校规模不大，全称为山东省劳动局济南工人技术学校。然而，莫道学校规模小，底蕴丰厚非一般。它是在特殊历史条件下，适应历史的特殊需求创办出的具有特殊性质的新型学校。当时，我国经济建设的第一个五年计划全面启动，156 个外援重点项目陆续上马，建设一线急需大量的人力。管理干部便从行政、军队、事业部门抽调，很快便形成了大批干部转工业的高潮，他们在新的岗位上边干边学。当时遇到的突出困难是技术操作工人极为匮乏，必须加快培训。要尽快培养高质量技术工人，既不能沿用传统的以师带徒方式，也不能采用以前有些大企业开办的不定期培训班式的学校。应该参照苏联经济建设中行之有效的经验，办正规的技工学校。于是各产业部门，各大型厂矿纷纷办校，掀起了大办技工学校的高潮。负责统管全国技工学校的中央劳动部，也率先批准两所技工学校，由劳动部门在苏联派来的专家指导下直接创办。其中一所就是我们学校，另一所在河南郑州。我们学校由于领导重视，设施齐全，认真贯彻以实习教学为主的方针，并以教学质量高而扬名全省。1957 年秋，在中央劳动部举办的技工教育成就展览会上，我们学校作为重点学校参展，全面反映了学校教学、生活各方面的情况，誉享全国职教界。在此后的几年里，我们学校虽几易校名，办过技工学校、半工半读机械学校以及统辖全省九个地市技校的总校等，但不管名称怎么改动，以实习教学为主的教学原则没有改，培训高质量的技术工人的根本任务没有变，所以我们学校的教学质量始终位居上乘。"省劳技"的校名闻名于全省，作为"省劳技"的教工，我也颇感自豪。

在技工学校里，我是政治理论课教师，也主动承担了一定的思想政治工作任务，与团委、辅导员配合默契，经常联合搞些教育活动。政治理论课是一门涉猎广泛的课程，教师应该对马列主义三个组成部分的内容有所了解，还应该掌握党史、时事政策以及毛选的基本知识。当时在教学中的突出困难是缺乏自己的教学大纲和教材。为了解决这个问题，劳动部培训司（局）从20世纪60年代到90年代，先后组织大学教授和少数省市的技工教师组成编制大纲和教材小组，制定或修改教学大纲，编审技校政治理论课教材。这些活动我基本都参加了，并曾经自编过试用教材，还曾经两次在省劳动厅培训处召集的全省技校政治理论课教师培训会上做讲解与说明工作。

"文化大革命"期间，学校改为济南第六机床厂。在厂里，我曾干过五年钳工和两年的物资和设备管理工作。这段经历虽属反常，但也有所收获，我基本上掌握了一门技艺，同时对机制方面的各类设备性能及其操作要求有所了解，从而使我在以后的教学中更加得心应手。由此，我也深刻体会到技工学校的理论教师不管教什么课程，都应该了解和掌握一定的操作技能。

"文化大革命"过后，学校即刻恢复办学。当时随着经济的恢复和发展，又一次迎来了技工学校发展的高潮。为解决教师短缺和来源问题，劳动部决定在全国建造四所技工师范学院，我校是首选改制的学校。那段时间，由于学院没有正式招生，所以我继续在中技班教"哲学常识"，在高级技工班教"党史"。由于当时正处于计划经济向市场经济的转型期，因此又增添了向职工讲述商品知识和市场经济理论的辅导工作。

1981年，随着经济的快速增长，技工学校发展的步伐也加快了，除恢复原有的技校外，又新增了许多新建技校。为了提高办学质量，省劳动厅决定利用我校的人力和设施（包括食宿、教学、交通等）条件，在我校开办山东省技工学校校长培训班（以下简称"干训班"）。"干训班"的宗旨、任务、规划及重大事项由省劳动厅决定，日常的教学活动、生活管理、经验交流以及带队外出参观考察等活动，由我院派出的老同志主持执行。"干训班"开设三类课程：一是请北师大、山师大、天津技工师范学院、省委党校的教授讲解教育学、心理学、学校管理学的基本知识；二是请省委党校、省劳动厅以及有关领导部门的同志讲解当时的时事政治与人民普遍关切的政策问题；三是我们技工学校办学实践中总结出的项目教材，如谢芬桂老师主讲的"技工学校的特点与校长的职责"，我主讲的"技工学校思想政治教育"，还有"生产实习教学法"等，每期都安排经验交流和外出参观学习。"干训班"前后共办了18期，另外还办过专职的教学管理、学生管理、政治教师、实习教师等各类专业班约七八次。那时由于"干训班"设在我校，我们学校成了省内外技校的联络点和窗口。

20世纪80年代末，中央强调在各类学校中加强德育教育，在高校中要对学生开设德育课，照此精神我们向省教育厅培训处请示同意后，决定编写一本加强技校德育的读物。先由我们拟定编写提纲和课题纲目细节的要求，然后在全省各技校中选取合乎要求的学校和参编教师，共同编写了20多万字的《技工学校德育教程》。这本书经省委党校教授主审后，于1990年

10 月正式出版。这本书可以作为德育课的教材，也可以作为主题班会的参考选题，还可以作为学生的课外读物。它连续发行 40 多万册，在当时技校的德育教育中起到了一定作用。

1992 年春，我办妥离休手续后，便在学校培训部继续做教学工作。由于多年与外聘教授一起活动，我耳濡目染，增长了不少见识，除讲授原来的课程外，又承担了职业技术教育学、技工学校管理以及实习教学方法等课程。在培训部一直工作到 1996 年底，我才完全脱离了教师岗位。

对过去个人工作经历和见闻的抒发，也是为了从一个侧面见证我们学校前期、中期的发展历程。回顾那段时间的投入和付出，我至今不仅感到无怨无悔，而且还倍感幸运和自豪。其一，在技工教育事业这个全新的事业刚刚开始的时候，我就全身心投入进去，可以在领导的重视下，尽情发挥光和热；其二，我们学校一直是以实习与生产结合好、培养学生质量高享誉省内外，在赞许声中更容易鼓舞斗志，主动向更新的领域冲刺；其三，最令人感到欢欣的是在新的世纪里，我们的学校已经发展成大型的专业众多的职业技术学院。

我诚挚希望我们的学校办成既大又强、特色鲜明、培养优异应用型人才的学院，这也是我这个耄耋之年的老教师的良好祝愿。

8. 辅导员是学生的主心骨
——齐绍金（辅导员，退休教师）

1973 年，我从部队复员后被安排到学校工作，先在各部门干了 11 年，后来转到当时的学生科做辅导员，退休后又返聘 3 年做学生心理咨询工作。

不论在哪里，我的准则都是"干一行、爱一行"。我出身贫寒，上学获免费资助，后来应征入伍，自己要是干不好，总觉得对不起国家和社会。带高级班对我来说很困难，这个班当时是 123 人，学生来自四面八方，年龄也大小不一。我从他们的起居小事抓起，严格按照部队"团结、紧张、严肃、活泼"的原则进行。当时咱们学校抓得也很紧，学生也都是各地技校的优秀生，在学习方面很努力，除了上课，周末时间还都跑到实习车间去练习和操作。在这个班里，毕业时八级工达到 10%，大多数都达到了七级工的水平。

在平时的德育工作中，我鼓励学生发挥自己的主观能动性，与他们打成一片，共同研究开好主题班会，甚至让他们自己走上讲台，既锻炼了学生，又发挥了学生自我管理的有效作用。平时工作中，我将学生的点滴情况记录在自己的工作笔记本上，时时处处关心他们的成长情况。从 1987 级学生开始，我对他们的成绩单独做了分析图表。我认为，德育教育是很活跃的东西，发挥小帮手、小老师的优势，发挥互帮助、共提高的优势，发挥班委、团支书的作用，可以构建良好的班集体。记得有个日照的学生忽然发高烧，那个时候没有手机通信不畅，班委的同学半夜敲门到我家，我冒着大雨，用自行车推着这个学生赶到医院看病，我给他交钱、检查、拍片、挂吊瓶、安排住院、签字，直到第二天给他家里人打电话，我才回到学校，他们家人非常感谢学校，感谢我。我总是把学生当作自己的孩子一样对待，对他们的身体情况、家庭情况和学习情况，我了如指掌，基本上都能在较短的时间内采取最快、最好的解决方案。

今年"全国教书育人十大楷模"之一的王其平就是当初我带的第一届高级班的学生，他是枣庄技校过来的，平时比较老实，说话也很少，但很刻苦，很爱钻研，很爱学习，也很上进，特别是有一股不达目的誓不罢休的精神。他能取得今天这样的成绩，绝不是偶然的，而是他对职业教育的坚守、对教师岗位的坚守铸造了今日的光荣。在这里我也祝福他，希望他为国家培养出更多更好的高技能人才。

我还有个学生叫刘福祥，也很优秀，现在是泰安技师学院机电工程系的副主任；还有个学生叫张卫红，现在是山推技工学校的副校长，高级讲师；还有个学生叫王军革，是当时的学生会主席，现在自己创业办起了技工学校，招生规模也很大，声誉也很好……当时，从第一届高级班毕业的学生目前都成了各地技工学校、技术学院的骨干力量，都成了高级讲师、高级实习指导教师和首席技师。

我很自豪，也很骄傲，为我的学生，也为"省劳技"！

9．往事钩沉
——刘登科（1982 届毕业生，安全保卫处处长）

我是 1979 年 9 月 23 日来母校上学的，之后一直在这里学习、工作和生活。

那时正值"文化大革命"结束，拨乱反正，迎来新时代，母校得以在 1978 年恢复山东省劳动局技工学校并开始招生。我们这一级算是恢复办学后的第二届学生，刚进校时还处于未成年阶段，而我们的师兄中有很多是 20 世纪 50 年代出生的，都有一些社会经历，有的当过农民，有的当过农村教师，有的当过村干部，还有的已经"订了亲"甚至有了家室。那段特殊历史造成他们那么大年龄才有机会求学，他们自然都透着一种成熟和对知识的渴望。当时两届共有 500 名在校生，之后 30 多年，母校不断发展壮大，如今成了知名的万人高等职业学府。

弹指一挥间，我也在这里待了 36 个年头，从 16 岁的毛头小伙到了霜染两鬓的"知天命之年"。亲历了母校的发展变化，自然怀旧的情愫愈来愈浓烈，我时常萌发出写点东西的想法。母校不仅教了我知识、技能，更养育了我，培养我如何做人、如何做事，才有了我今天的成就和殷实生活，母校的恩情我永志难忘。

当时的老师，大多是经历了"文化大革命"后被"劳动改造"出来的，正值干事创业的好年华。本来在教学业务上都已有所建树，再加上又有十年在生产、技术一线"劳动改造"的历练，更是"如虎添翼"。之后又有一茬一茬的新老师不断加盟，师资队伍不断壮大，人才辈出，生机勃勃。

记得刚进校门的第一堂课，是已故老学究谢芬桂老师的语文课。他没有带课本，而是用他那浓重的湖南话给我们讲了《荀子·劝学篇》和教学相长等道理。还有我们当时的数学老师刘玉昆，不仅课讲得好，而且文学功底颇深，他讲的"流水不腐，户枢不蠹"我第一次听到，这对于我这个知识甚少的青少年来说，影响很大。记得当时在上完第一堂语文课后谢老师布置了一篇作文，我写的题目是《我学习的起点》，得到了老师的肯定。也是从那时起，我多少喜欢上了语文，开始读点唐诗什么的。老师们除课堂上认真授课外，每天的早、晚自习都到班上答疑，并且还有学生经常到教研室请教老师问题。不论是不是你的任课老师，都给你耐心解答，直到你明白为止，因此也建立了非常深的师生友谊。当年田幼勤老师教我们电工电子和英语时，还是扎着小辫的大姑娘，别看20岁出头，却很有气场，讲起课来头头是道，语言流畅，"训"起人来也是"嘎嘣脆"。

我是学铸工的，实习老师兼班主任袁洪昌当时刚过而立之年，很能钻研，业务能力强，对学生要求严格，并且熟读古典文学，只可惜因意外事故，40多岁英年早逝。他严格遵守教学规范，先在黑板上讲，然后做示范，最后让我们练习，发现谁做得不够标准立即推倒重来，直到把这个动作掌握为止。因此，三年学习下来，我们班无论工时完成还是质量方面都是数得上的。记得一次，我的一个工件干废了，袁老师批评时我还在争辩、强调理由，他说，言过其实是没好处的。这句话我至今牢记在心。

母校特殊的办学经历和理念，学校与工厂的融合，造就了学子们诚朴厚重、吃苦耐劳的品质，这也应该是今天高职教育所倡导的企业文化与校园文化融合的重要标志。母校在那时就已经开始做了，不仅成为传授知识与技能的场所，更是教人诚实端正、求真求善的家园。母校人很诚朴厚重，这里除了营造出工人阶级和知识分子和谐共生的环境外，也应该催生出制造业的特有文化气质，因为和金属打交道就得实打实，来不得半点马虎，否则你出来的产品就是废的，培养出的人也是不过关的。我留校后曾在实习工厂当过调度员，看到老检验员带着老花镜用千分尺精心测量，一丝一毫都不能有差错，感触颇深。那时，生产实训任务紧，新产品开发任务重，每年生产像今天的2M9120多用磨床等几百台，同时还要开发几种新产品。教师、技术人员、管理人员、学生以及生产工人奋斗在一起，经常加班加点，协同作战。记得20世纪80年代末我们承担第一条拉幅机生产线，为赶生产进度，党委书记亲自带领科室人员到现场打磨千余米工字钢上的铁锈。在母校，人与人之间以诚相待，一人有事，大家帮忙，建立了融洽友善的人际关系。这些也是"省劳技"培养的学生素质高、技术好、能力强，深受企业欢迎的重要原因。

母校在我上学的时候就已全国驰名，属于技工教育的"领头羊"，我们也因老师们讲到母校与当时的山东机械学校、铁路机器制造学校等老牌中专学校齐名而倍感自豪。母校从不安于现状，靠长期不懈的追求和奋斗，站在技能人才培养的高端引领位置。记得1986年就开始试办高级技工班，取得成功后，又于1989年率先试办高级技工学校，在全国开创了通过学校教育培养高级技工的先河。2002 年又在全国高级技工学校中率先改建高职院校。2003 年开始在长清大学科技园征地建设新校区，2004 年动工，2006 年秋季一期工程投入使用。2011 年在电气及自动化专业开办创新班取得成功的基础上，正式推行"卓越技师"培养试验，在全国率先培养出"专科学历 + 技师资格"的高端技能人才。2012 年又力争迈入全省技能型特色名校行列，学院事业呈现文德之治、蓬勃发展的大好局面。

亲见母校发展历程，多年积淀、形成的志存高远、诲人不倦、诚朴厚重、吃苦耐劳等学校精神和主流文化，激励着一代又一代的"劳技人"不懈奋斗，培养着一届又一届的"劳技学子"成长成才。如今凝练的校训"卓越技能、出彩人生"，更体现出时代精神、办学特色和追求卓越的核心文化气质。无论风风雨雨还是风调雨顺，母校精神都会不断传承和发扬光大，她毕竟已根植校园，成为每个人身上的细胞和基因。

第四部分

继往开来篇

以史为鉴　展望未来

2023 年 5 月 26 日，中国共产党山东劳动职业技术学院第五次代表大会胜利召开，这是在全面贯彻落实党的二十大精神，开启中国式现代化建设新征程，实施"十四五"规划承上启下的关键时期召开的一次十分重要的会议。大会的主题是：坚持以习近平新时代中国特色社会主义思想为指引，全面贯彻落实党的二十大精神和习近平总书记对职业教育工作的重要指示批示精神，坚持以高质量党建引领学院高质量发展，动员全校师生员工，站位新时代，展现新作为，书写新华章，凝心聚力、攻坚克难，为建成中国特色高水平高职院校而奋斗。

一、近 6 年工作回顾

自学院第四次党代会以来，学院党委在省人社厅党组的坚强领导和省教育厅党组的大力支持下，抢抓山东省优质高等职业院校建设和部省共建职教创新高地等重大机遇，团结带领广大师生员工全面深化办学治校各领域改革，较好完成了第四次党代会提出的各项任务，学院党的建设和综合实力迈上一个新的台阶。

（一）党的全面领导不断加强

坚持和完善党委领导下的校长负责制，严格执行民主集中制，落实"三重一大"制度，大力提升党委科学决策和依法治校能力。实现"三长入常"，领导班子配齐配强。坚持总揽全局、协调各方，紧紧围绕国家和山东省关于职业教育的部署安排，抢抓机遇，深化改革，提高人才培养质量，党委把关定向、科学决策、领导发展的能力显著增强。以开展"不忘初心、牢记使命"主题教育、党史学习教育为契机，扎实推进基层党组织建设，成立离退休党委，完成两轮基层党组织换届选举，推进基层党组织标准化规范化建设，发展党员845名。打造全国首个党建与课程思政融合的VR学习体验中心，开展新时代高校党建示范创建和质量创优工作，建成1个全国党建工作样板支部、1个山东省党建工作标杆院系、1个山东高校"双带头人"教师党支部书记工作室；1个党支部入选国家级党建工作样板支部培育创建单位，2个党支部入选省级党建工作样板支部培育创建单位。开展干部选拔调整，优化干部队伍结构，累计选拔院级领导5名，副处级干部27名，科级干部49名。2019年以来，先后选派出3名"第一书记"、5名干部参加"万名干部下基层"工作，28人参加"四进"攻坚行动、3人参加"加强农村基层党组织建设"工作队。其中，12人获评省委组织部考核优秀，3人荣立"三等功"。紧跟党的重点工作风向指标，筑牢意识形态阵地。始终坚持"严"的主基调不动摇，构建教育、预防、惩治一体化党风廉政建设制度体系。

（二）高质量发展迈出新步伐

学院先后入选山东省技工教育特色名校、山东省优质高职院校，2020年度办学质量考核位居省内第10名，2021年、2022年办学质量考核分列第21、22名。2019年度、2020年度和2022年度获评省属事业单位绩效考核优秀等次，2022年成为山东省首批通过诊改现场复核的非试点校。2022年，10个项目获山东省教学成果奖，获奖总数位列全省第四。在国家级媒体刊发外宣报道近400篇，多次获得"山东省最佳社会声誉高校""高职院校品牌影响力50强"等荣誉，9个亮点案例入选全国典型案例集，3个案例在全国、全省会议中做典型发言，改革经验被中国教育报、大众日报等官方媒体报道，社会美誉度不断提升。

（三）人才培养质量显著提高

深化"三教"改革，推进"卓越技师"培养计划，形成了"专科学历＋技师资格"的技术技能人才培养模式。建成国家级在线精品课程4门，省级在线精品课程、精品资源共享课27门。入选"十三五"职业教育国家规划教材1部，"十四五"职业教育国家规划教材3部。获得国赛一等奖42项，省赛一等奖192项，19名学生获得国家和省技术能手称号。在全国第一届职业技能大赛上获2个铜牌、6个优胜奖，获奖成绩居于全省高职院校前列。推进"三全育人"综合改革，初步构建"四位一体"劳动文化体系。实施"五个一"辅导员职业素质提升工程、"四系列＋四平台＋四模式"育人工程、"六纵六横六个统一"心育工程、"五心铸魂"育人工程等四大工程，育人能力不断提升。优化招生就业工作机制，录取分数线逐年提升。累计为社会输送毕业生 23937 人，毕业生毕业去向落实率稳定在 98% 以上。学生创新创业能力增强，在省级以上一类大学生创新创业类大赛获奖 49 项，立项大学生创新创业项目 41 项。

（四）师资队伍建设提质增效

2017 年以来新进教师 256 名，硕士以上学历占比 80% 以上。"双师"素质教师占比 80.05%。高层次人才队伍建设实现新突破，新增国务院政府特殊津贴专家 2 人，全国五一劳动奖章获得者 1 人，泰山产业领军人才 1 人，全国技术能手 7 人，全国模范教师 1 人，国家级技能大师工作室领办人 1 人，省技术能手 87 人，省技术技能大师 1 人，山东省智库高端人才 1 人。打造山东省黄大年式教学团队 2 个，省"青创科技计划"创新团队 1 个，省名师工作室 3 个。教学能力大赛连续三年进入国赛，两次获国赛一等奖。强化实绩导向，2 次修订职称评聘制度，开展 3 轮专业技术职务评聘工作。创新绩效分配制度，进一步扩大了收入分配自主权，有效调动教职工的工作积极性，激发办学内驱动力。

（五）专业服务产业能力持续提升

主动融入区域经济社会建设的主战场，对标行业产业发展需求，加强顶层设计，动态优化专业布局。完成新一轮系部设置和专业调整，设立 7 个专业群，新增专业 17 个，调整专业 1 个，撤销专业 6 个。建设国家创新行动发展计划骨干专业 3 个、山东省高水平专业群 2 个，山东省品牌专业群 2 个，山东省特色专业 7 个，立项技工教育省级优质专业群 1 个。搭建高质量产教融合平台，山东省机械行业职业培训教育集团被确立为国家示范性职业教育集团。牵头成立山东省人力资源和社会保障职业教育教学指导委员会。企业"朋友圈"持续扩大，与武汉华中数控股份有限公司、山东网商教育科技集团有限公司等共建智能制造学院、数字经济学院等 5 个产业学院。

（六）社会服务能力不断提高

深化科研体制机制改革，以项目和平台为载体，扎实推进科研创新。获批山东省高等学校科技成果转化和技术转移基地等市级以上创新平台 14 个。立项省级教科研项目 153 项，获各类省级教科研成果奖项 81 项。新增发明专利 98 件，连续两年在全国 1488 所高职中发明专利竞争力评价排名前 2%。服务企业 110 余家，开展横向"四技"服务项目 134 项。建设了省内唯一以"劳动教育与职业体验"为主旨的省级科普基地。获批国家级专业技术人员继续教育基地、国家技能根基工程培训基地，建设山东省公共实训基地。入选全省首批职业技能考核鉴定机构，设立山东省退役士兵创业就业指导站。启动"1+1+2"在校生职业技能培训体系建设，开展创业意识培训、专项能力培训、技能鉴定突破年2万人次。推进企业员工培训、企业新型学徒制培训、职业院校骨干教师、退役军人等各类培训。合作共建信息化考试中心、安全培训中心，引入标准化考试、消防安全培训业务。申报8个专科函授专业，开展自考本科、专升本培训服务项目。社会服务到款额年均超千万。

（七）办学环境不断深化拓展

立足实现高质量办学，从学校"内循环"走向社会"大循环"。练好内功打造核心竞争力的同时，注重借助外力促发展。不断加深校地合作，加入山东高校"长青联盟"。与长清区政府、山东高速民生集团、长清大学城管委会及山东师范大学等高校签署《国际职业教育中心框架合作协议》，共同搭建国际职业教育中心，提升学院职业教育对外服务能力和国际参与度，与国（境）外10所以上院校和机构建立伙伴关系。面向坦桑尼亚等国家输出国际标准，面向俄罗斯、韩国等国家开展技术技能培训和国际汉语教学。形成更全方位、更宽领域、更多层次、更加主动的对外合作交流新局面。

（八）内部治理体系不断完善

坚持和完善党委领导下的校长负责制，不断提高治理能力和水平。深化机构改革，调整内部机构设置。着力推进依法治校，构建法治工作体系，每年向教代会做法治工作报告。修订《山东劳动职业技术学院章程》（以下简称《章程》），健全以《章程》为核心的制度体系，开展规章制度废改立释工作。推进院系两级管理，实现管理重心下移。实施全面质量管理与教学诊改，将质量意识贯穿到教学、管理和人才培养全过程。加强信息公开工作，管理工作透明度不断提高。成立学院理事会，探索开放办学道路。健全双代会工作机制，充分发挥双代会、学代会等民主监督作用。成立学术委员会、财经委员会，完善相关议事决策机制。持续强化内部审计，提升审计监督效能，获评"全省教育审计先进集体"荣誉称号。

（九）民生福祉不断增进

长清校区办公楼、图书馆、山东省公共实训基地、16号学生公寓等交付使用，新增建筑面积7.5万平方米。管理教辅部门整体搬迁至长清校区，两校区"一系一楼"办学功能布局基本形成，环境文化育人功能增强。文明创建成绩斐然，连续四年被授予"省级文明单位"称号。职工收入大幅增长，幸福指数持续攀升。图书馆馆藏资源不断丰富，信息服务功能增强。信息化应用能力和服务水平不断提高。平安校园建设和校园综合治理成效明显。发挥老同志优势，强化老同志政治担当，离退休工作平稳有序开展。

过去的六年，是夯基筑台、持续发力的六年，是内涵质量显著提升的六年，是办学活力不断增强的六年，是民生保障持续改善的六年。总结奋进历程，推进事业的发展必须锚定五个坚持：

必须坚持党的全面领导为根本保证。坚持和完善党委领导下的校长负责制，坚决贯彻执行民主集中制，不断提高领导班子的凝聚力和战斗力，充分发挥学院各级党组织的战斗堡垒和广大党员的先锋模范作用，牢牢把握正确办学方向，使学院成为坚持党的领导的坚强阵地。

必须坚持把立德树人作为根本任务。全面贯彻党的教育方针，牢记为党育人、为国育才职责使命，把思想政治工作作为学院各项工作的生命线，牢记"为谁培养人、培养什么人、怎样培养人"，培养一代又一代拥护中国共产党领导和我国社会主义制度、立志为中国特色社会主义奋斗终身的有用人才。

必须坚持以改革创新为强大动力。坚持解放思想、实事求是，以改革创新为动力，持续释放发展内驱力，不断提高治理能力，以"钉钉子"精神抓好各项任务的落实，有力推动学院高质量发展。

必须坚守师生为本的发展情怀。践行"以学生为中心"的理念，服务学生全面发展，不断拓宽学生的成长成才通道。坚持将事业发展与师生个人发展有机融合，为师生办实事、办好事、谋福利，充分释放每位师生的内在活力，把人才队伍建设作为强校之基，为学院事业可持续发展汇聚力量。

必须坚持产教融合的办学路径。坚持以国家战略需求为导向，加强与地方区域经济发展的融合，积极建设区域和地方经济发展亟需的专业，探索产教融合的办学思路，紧密对接产业、服务企业，为区域经济社会发展培养高素质技能型人才，在履行社会使命中实现更好发展。

以上五条经验对于加强和改进今后的工作，具有重要的指导意义，我们必须长期坚持并在新的实践中不断丰富和发展。

二、面临的形势

党的十八大以来，党中央、国务院连续发文，高位部署职业教育改革工作。国务院印发《国家职业教育改革实施方案》，新修订的《中华人民共和国职业教育法》实施，中办、国办印发《关于推动现代职业教育高质量发展的意见》《关于加强新时代高技能人才队伍建设的意见》《关于深化现代职业教育体系建设改革的意见》。在这些国家顶层设计和重大部署中，优化职业教育类型定位、构建高质量现代职业教育体系、增强职业教育适应性和吸引力是反复强调和持续深化的重点任务，也是我们未来的改革方向。

从职业教育高质量发展的要求看，职业教育类型定位已经明确，横向融通、纵向贯通的体系已构建。新发展阶段下，提高职业教育供给与经济社会发展需求的匹配度，增强职业教育适应性，是推动职业教育高质量发展的核心要求。学院在践行落实高质量新发展理念、回应国家和区域重大战略需求方面存在一定滞后性，服务区域协同发展及地区产业发展的能力存在不足。在新发展理念的引领下，我们要主动对接、适应重大战略发展需求，调整完善发展战略和目标。

从人口发展趋势看，根据近二十年的人口出生率推断，职业教育的人口红利还将延续十年左右，未来十年是我们面临的重大发展机遇期与调整期。同时第七次全国人口普查数据表明，我国人口发展呈现老龄化、少子化、区域人口增减分化的特征。出生率骤降将导致未来5到10年内出现生源断崖式减少。适龄劳动力人口减少，必然要求提高劳动者技术技能水平，增加有效劳动力，推动"人口红利"向"人才红利"转变，以人口高质量发展支撑中国式现代化。这要求我们安不忘危，提前思变，破解体制机制障碍、提高人才培养质量、增强自身吸引力。

从人工智能发展趋势看，人工智能作为第四次工业革命的核心，与大量传统行业领域进行深度融合，带动了制造、工业、教育等众多领域的数字化转型。人工智能势必对产业结构和就业结构带来冲击，人力资源的需求从低端产业向高端产业转移。数字化浪潮催生出更多的新职业、新岗位。这对人才培养模式变革、专业数字化转型、教师数字素养提升都提出了新的、更高的要求。

从外部竞争态势看，一方面，全国高职院校都在以"双高计划"建设为引领，积极争先进位，呈现白热化竞争态势。未来五年，"双高计划"的战略效应将强势显现。另一方面，现代职业教育体系发生重大变革，部分优质技师学院转设高职，同类院校竞争将更加激烈。随着职业教育体系打通，高职院校第一梯队向上延伸办学层次，应用型本科向下延伸，同时挤占了我们的生存空间，带来空前的压力。

三、发展目标

基于对当前的形势分析和现实研判，新一届学院党委提出今后五年工作的指导思想是：坚持以习近平新时代中国特色社会主义思想为指引，全面贯彻党的二十大精神，认真落实习近平总书记关于职业教育的重要论述和对山东工作的重要指示要求，立足服务山东经济社会发展，主动对接国家及区域重大战略和现代化经济体系建设要求，以立德树人为根本，以促进就业创业，服务行业企业，服务经济高质量发展为目标，以提升技术技能人才培养质量为核心，深化体制机制改革，扎实推进职普融通、产教融合、科教融汇，为创建高水平高职院校而努力奋斗。

今后五年的发展目标是：明确发展定位，优化专业设置，加强专业建设，深化产教融合，改善办学条件，提升育人质量。立足自身优势，保持战略定力，找准发展切入点和着力点，做大做强优势专业。传承和发扬卓越技能、就业优先、育训并举、双牌教育的办学特色。经过五年努力，实现办学条件达标，力争获批一个中国高水平专业群，试办一个职教本科专业等目标。学院综合实力与办学水平有明显提升，成为省内一流、特色鲜明的职业教育强校。

为实现上述目标，必须坚定不移实施四大战略。

实施创新驱动战略。坚持把创新作为引领高质量发展的第一动力，发挥制度创新的核心作用，持续推进二级管理体制和内部管理机制改革。发挥科研创新的"动力源"作用，推动产学研深度融合，建设政校行企多源融合的协同创新发展体系。

实施人才强校战略。聚焦建设一流师资队伍，分类实施高端人才、骨干教师、青年教师引育计划，深化人事制度改革，深化考核和激励机制改革，有效激发教职工干事创业活力，为学院高质量发展提供人才支撑。

实施专业兴校战略。主动适应经济社会发展和产业布局新形势，准确识变、科学应变、主动求变，大力调整专业结构，通过跨界、融合、嫁接，打造在全国职教领域具有较大影响的高水平专业群。

实施开放办学战略。坚持职业教育"四个面向"的办学定位，主动融入国家和地方战略，服务构建新发展格局。推进"校地、校企、校校"合作，不断拓展办学资源和办学空间，开创对外交流合作新局面。

四、高质量发展的重点任务

实现学院高质量发展蓝图，需要所有党员干部、广大师生员工坚定信心决心，强化忧患意识，不懈拼搏奋斗，开创新局面，实现新跨越。今后五年，要着重抓好以下八项工作。

（一）聚焦立德树人，提升技术技能人才培养质量

健全立德树人落实机制。坚持用习近平新时代中国特色社会主义思想铸魂育人，不断完善"三全育人"格局。深入实施"青马工程"和思政教师培育提升工程，推动思政课程和课程思政同向同行，构建"大思政"工作格局。深化共青团改革，细化党建带团建工作机制，打造"党旗领航"学生党建品牌，探索党团一体化标志性成果。完善学生资助和心理健康教育工作体系，高标准开展"一站式"学生社区综合管理模式建设，加强易班与"一站式"服务平台的融合。争创山东省高校"三全育人"示范校、学生社区综合管理创新基地。

持续深化"三教"改革。推进"三教"改革攻坚行动，掀起"课堂革命"。建设优质课程资源、实施高效课堂教学，借助公开课、示范课促进课堂教学改革，提升教学质量。坚持面向人人、因材施教，满足不同生源背景、不同禀赋学生多样化选择、多样化成才需求，让所有学生学有所获。以课程教学团队为载体，打造课程思政教育案例、课堂革命典型案例。持续培育建设"蒲公英"课程教学团队，实现国家级教学团队零的突破。持续推进教学诊改，建立多元

主体评价体系。

全力促进高质量充分就业。就业是最基本的民生，是检验人才培养质量的核心指标，是办学的生命线。要坚定不移坚持就业优先导向，把就业工作摆在更加突出的位置。落实就业工作"一把手"工程，健全就业工作机制，深入开展"访企拓岗促就业"行动。建立健全"招生—培养—就业"的就业工作闭环管理体系，把就业贯穿到人才培养全过程。优化生源结构，提高生源质量。压缩单招生源数量，提高夏考、春考生源比例。提升就业工作数字化、精细化水平，引导学生树立正确的就业观，提升对口就业率，确保毕业生毕业去向落实率保持高位。提高就业质量和就业稳定性，实现毕业生不仅"好就业"，更要"就好业"。

（二）立足产业需求，推动专业集群化高质量发展

严格优化专业布局。按照"控规模、调结构、提质量、增效益"的总体思路，依据省教育厅《关于优化职业教育专业设置的指导意见》，建立专业动态调整机制，专业规模压缩至 35 个左右。重点打造专业群不超过 5 个，每个专业群重点支持专业不超过 2 个。完善专业质量标准，将专业对产业的支撑度、在业内的领先度、办学绩效、就业质量等做为核心指标，建立专业发展标准，完善专业预警及退出机制，实行严格考核、刚性调整。拓展专本贯通培养项目，提升培养质量。

推动专业集群式发展。面向高端制造业和现代服务业，对接重大战略和产业需求，提升专业群对接产业的契合度。通过撤、转、合等方式对现有专业进行调整，加强专业互动支撑，建立专业融合发展机制。推动专业集群发展，打造核心优势专业群，依托现有 2 个省级高水平专业群和 2 个省级品牌专业群，打造至少 1 个国家高水平专业群，以国家高水平专业群带动其他专业群的提升。

（三）坚持开放办学，增强社会服务贡献度

提升社会培训规模质量。树立"职业学校教育与职业培训并重"理念，优化社会培训配套机制，将社会培训完成情况和经济效益纳入考核体系，将社会培训业绩纳入标志性成果，作为职称评聘的重要依据。与企业联合建设示范性职工培训基地，大力开发职业技能培训，每个专业至少开发一个技能培训项目。承担"金蓝领"、企业新型学徒制、企业在职职工和退役士兵培训，做好"三支一扶"人员能力提升专题培训，拓展项目制培训、"三农"技能培训、创业训练营等项目。争创省级职业训练院建设试点、省级技工教育师资培训基地，拓展评价鉴定、公共实训、技能竞赛、师资研修、就业服务等功能。承接各类社会考试，面向学生和社会提供高质量的职业技能等级认定服务。健全继续教育信息化平台建设，开发继续教育数字化课程，提升专科函授教学和自考本科、专升本培训服务质量，构建终身学习服务体系。

提升科研创新服务效能。把握科教融汇新方向，打破科研机制藩篱，充分发挥现有创新

平台载体作用，形成"政企校协"多元主体协同创新发展的格局，在智能制造等优势专业领域实现突破性进展。紧密围绕教学改革方向和优势专业领域，服务企业解决关键性应用技术难题，培育高水平创新团队。探索立项"揭榜挂帅"项目，实行"军令状""里程碑式"管理方式，设置人才、项目破格聘用与评价渠道，力争突破国家级平台、团队、项目和成果奖项。完善成果转化机制，建设开放式成果数据库，提升职务专利转化率。培育技术服务典型案例，提升社会效益。

构建校企合作长效机制。完善基于校企合作的院校治理结构，发挥企业的重要办学主体作用。实施"一群一院""一院一品"计划，每个专业群精准对接对标行业龙头企业，对应成立一个产业学院，每个产业学院都有自己的特色和品牌项目。强化企业需求牵引和市场化导向，把企业岗位需求融入教育教学全过程，共同培养具备工匠精神，精操作、懂工艺、会管理、善协作、能创新的现场工程师。通过定向招生、定向培养、定向实习、定向就业，实现校、企、师、生联动，校企共育人才、共建基地、共研项目、共享成果。持续推进山东省机械行业职业培训教育集团实体化运行。发挥人社行指委的桥梁纽带作用，牵头成立山东人力资源服务职教集团。

持续扩容国际"朋友圈"。制定切实可行的国际化发展战略，扩容国际交流合作，实质推进重点合作项目，提升专业建设国际化水平。探索境外办学，聚焦"走出去"企业发展需求，力争参与建设海外职业技术学院或海外人才培养基地，承接"走出去"中资企业海外员工职业技能培训。积极参与国际中文教育，探索具有劳职特色的"中文＋技能＋劳职文化"融合推广路径，增强"国际劳职"品牌吸引力。

（四）挖掘双牌优势，推动技工高职相促相长

坚持技工教育扩容提质并重。全面落实《山东省技工教育"十四五"发展规划》，坚持扩大规模与提高培养质量并重，由注重学制教育向学制教育与多元化技工教育培训、技能水平评价和就业创业服务并重。改善槐荫校区办学条件，适当扩大技工教育在校生人数，预备技师、技师教育与高职教育融合发展，实现技工院校办学条件达标。开展校企合作专业共建，全面实施工学一体化人才培养模式改革，五年内60%以上的专业达到工学一体化人才培养目标。优化高级技工课程体系，设置面向学历提升、就业不同方向的课程模块。适度引导、提前谋划学生自我发展通道，实现更高质量的就业和升学。

推动高职技工教育融合发展。以"优势互为补充，专业相互带动，双牌融合发展"为思路，发挥双牌办学，双重管理优势，积极争取多方资源，推进高职技工教育融合发展。探索技工教育长学制培养模式，实现技工教育与高职教育在专业、课程、资源等方面有效联动，共同发展。进一步发掘双牌办学"技能＋学历"优势，深化职技融通，着力打通、拓宽各级各类技术技能型人才的成长空间和发展通道。

（五）聚焦人才强校，推进高水平师资队伍建设

精准引育高层次人才。开辟人才用编、职称评审绿色通道，对高端人才引进实行"一人一策"。建立健全用人留人和考核激励政策，切实发挥高层次人才的引领带动作用。规范兼职教师队伍管理，实施"固定岗＋流动岗"兼职教师配置方式，探索企业人才和教师"双向交流"。设置"讲席教授""产业教授"岗位，柔性引进行业企业领军人才、大师名匠和企业骨干等高层次技能型人才。

提升双师队伍建设水平。实施骨干教师提升工程，建立200人规模的专职骨干教师库，进行专项培训。每年选派20名骨干教师赴头部企业或领军企业顶岗。校企共建教师发展中心，分层次、分阶段培育和提升教师发展能力，促进教师职业发展。

深化人事人才制度改革。探索建立"能上能下"的动态聘任机制，建立以代表性成果和工作业绩为导向的岗位任职和考核评价体系，促进人岗相适、人尽其才。构建薪酬"能高能低"分配机制。完善《绩效工资实施方案》，加大部门、系部的分配自主权，搞活内部分配，构建"学院—系部—个人"紧密衔接的收入分配关系。加强系部人员队伍建设，在人员调配、干部选拔、职称评审、收入分配等方面向系部倾斜，向教学、学生管理一线岗位倾斜。

（六）优化结构布局，精准施策确保办学条件达标

科学规划功能布局。做好办学布局长短期规划，适度压缩高职招生计划，同步有计划地扩大技工教育规模，提高技工教育质量，开拓技工教育发展新局面。使办学空间和容量配置渐趋合理，在学院发展中最大限度发挥支撑作用，形成办学规模与办学效益协调发展的格局。

加强基础条件建设。对照生均占地面积、生均教学行政用房面积等达标要求，制定补齐方案，大力改善办学条件，加快谋划项目储备，适时启动教学实训文体活动场所建设，实现办学硬件条件达标。

持续优化师资结构。对照生师比达标要求有序扩充教师数量，在考虑职工退休高峰期等因素的基础上，实现年均净增15人左右。配齐配强思政课教师和专职辅导员队伍，调整优化教师队伍结构，合理控制管理教辅人员规模，加大人力资源统筹调配力度，形成科学合理的师资队伍结构。

（七）完善治理体系，激发办学活力动能

坚持完善治理体系。不断健全以《章程》为核心的制度体系。进一步厘清院系二级管理职责权限，坚持"放管服"，提高各系办学主体地位和办学自主权，形成科学高效的二级管理运行机制。健全完善学术委员会和财经委员会组织架构，建设专业建设指导委员会，发挥行业企业专家作用。加强与长清大学城各高校的互助合作，发挥长青联盟的共享作用，探索建立与省内优势高职院校的发展联盟。

深化质量管理体系。紧密围绕全面深化职业教育改革的新目标和新要求，发挥学院在内部质量保证体系建设领域取得的领先优势，进一步加大政策供给，促进各层面诊改机制深入推进、融入日常。健全多元评价体系，优先推动学院评价改革，辐射带动教师评价、学生评价改革深入实施。树立起"劳职诊改"示范山东、引领全国的质量形象和品牌标杆。

（八）改善办学条件，提升事业发展支撑力

推进智慧校园建设。推进信息技术与教育教学的深度融合，全面提升教育教学管理的信息化、智能化水平。加强校园网络基础建设，推进 5G 技术应用，实现"一网通办"，全面支撑管理信息化改革。凸显云计算、大数据等新一代信息技术在管理模式创新中的支撑作用，推进管理服务工作由人工转向智能实时决策，形成"互联网＋""智能＋"管理决策新形态。力争建设省级职业教育信息化创新与改革试点校。

增强服务保障能力。以开源节流、降本增效为目标，积极探索多元化筹资渠道，争取财政专项资金、政府专项债、政策性中长期贷款等经费支持，适当补充银行商业贷款，合理控制债务规模。优化资源配置，规范财务资产管理，加强审计监督作用。提升消防安全、视频监控等基础设施条件，构筑安全屏障，建设平安校园。多措并举缩短馆藏差距，完成图书配置计划。改善学生住宿就餐环境，推进节能减排，提升后勤服务保障水平。做好离退休干部工作，推动工会、共青团、妇联等群团组织改革。

提升文化育人效能。推进绿色校园建设，完善校园规划和配套设施，建成品位高雅、环境优美的现代化校园。优化教学实训场所育人环境，打造专业特色鲜明的实训场所文化，开展"一系一品"文化品牌创建活动。发挥山东省高职高专优秀传统文化教育与传承研究会作用，弘扬优秀传统文化。依托校史馆开展校史教育，以建校 70 周年为契机，进一步增强师生对学院的归属感和认同感。强化劳动文化育人实效，依托劳动文化（教育）研究中心开展活动，大力弘扬劳模精神、劳动精神、工匠精神，积极营造"尊重劳动，崇尚技能，鼓励创造"的校园文化氛围。

五、全面加强党的建设

推动学院事业发展，关键在党、关键在人。在新的征程上，要把抓好党建作为办学治校的基本功，以自我革命精神纵深推进全面从严治党，全面贯彻新时代党的建设总要求，弘扬伟大建党精神，以党的政治建设为统领，把各级党组织建设得更加坚强有力，营造风清气正的良好政治生态和育人环境。

（一）着力加强党的政治建设

把党的政治建设摆在首位，深刻领悟"两个确立"的决定性意义，不断增强"四个意识"、坚定"四个自信"，做好"两个维护"。坚定不移贯彻习近平总书记重要指示批示精神和党中央重大决策部署，把及时有效地贯彻落实上级特别是中央指示精神，作为检验各级党组织和领导干部是否讲政治的最重要标准。着力打造"信念过硬、政治过硬、责任过硬、能力过硬、作风过硬"的领导集体，不断提高党员领导干部的政治领悟力、政治判断力和政治执行力。持续完善党委领导下的校长负责制，完善决策机制、提高决策效率，构建学院健康运行的良好政治生态。

（二）着力强化党的思想建设

坚持思想引领，深入学习习近平总书记对山东工作的重要指示要求和关于职业教育工作的重要论述，落实"第一议题"制度，及时跟进学习习近平总书记最新重要讲话精神。持续强化党委理论学习中心组示范带动效应，增强学习效果。把深学笃行党的二十大精神作为贯穿今后五年的重大政治任务，引导全体党员干部以党的二十大精神为指引，进一步高举思想旗帜，凝聚奋进力量。深化"三全育人"综合改革成效，加强思政课建设，建立健全课程思政建设质量评价体系。建好用好学院党校、融媒体中心，持续开展各类宣传宣讲，形成全方位、多层次理论传播矩阵。严格落实意识形态工作责任制，巩固壮大校园主流思想舆论，牢牢把握意识形态主动权。

（三）着力加强干部队伍建设

坚持党管干部原则。树立"老实、听话、真干"的干部导向，完善干部选拔任用、培养管理和考核评价工作机制。突出战略规划，抓实年轻干部培养选拔，持续打造忠诚干净担当的高素质专业化干部队伍。完善管理岗位人员轮岗交流机制和干部轮训机制。健全干部担当作为的激励保护机制，让干部有奋斗激情、无后顾之忧。

（四）着力提升基层党建工作质量

推动党建与业务工作深度融合，牢固树立党的一切工作到支部的鲜明导向，坚持以提升组织力为重点，以深化"标准化、规范化、制度化"建设为抓手，推动基层党组织全面进步。严格落实基层党建工作责任制，培育2个省级以上高校党建样板支部。推动党建活动方式创新，培育2个省级以上优秀党建工作品牌。做好教师党支部书记"双带头人"培育工作，实现院级"双带头人"教师党支部书记工作室全覆盖。

（五）着力推进党风廉政建设

全面落实党风廉政建设党委主体责任和纪委监督专责。严格教育管理监督党员干部，强化人员聘用、招生就业、设备采购、基建财务等重点风险领域、关键环节的监督管理，严肃查处各类违规规纪行为。完善党员干部作风监督和评价体系，强化对权力运行的制约和监督。落实党委审计委员会制度，发挥纪检监察和内部审计的监督作用，构建财会监督、审计监督和纪律监督等联动协作机制。强化对基层党组织的监督检查，加强基层纪检组织建设。综合运用容错纠错工作机制，激励干部敢于担当，勇挑重担。

（六）着力强化党的制度建设

将制度建设贯穿于党的建设的各个方面，坚持以党章为根本遵循，以严密的制度建设保障党建质量，以高效的制度落实提高党建水平。加强党对依法治校和制度建设的领导，构建满足"双高校"建设所需的制度体系。强化"三重一大"决策制度贯彻执行，盯紧关键人、关键事、关键点，确保按规矩办事。提高依法办学自主性，构建起支撑学院高效、稳健发展的制度体系。

图书在版编目（CIP）数据

轨迹：校史教育教程/宋爱全，李发彬，孙东主编
.--北京：中国人民大学出版社，2023.9
ISBN 978-7-300-32207-0

Ⅰ．①轨… Ⅱ．①宋… ②李… ③孙… Ⅲ．①山东劳
动职业技术学院-校史 Ⅳ．①G719.285.21

中国版本图书馆CIP数据核字（2023）第178131号

轨迹——校史教育教程

主　编　宋爱全　李发彬　孙　东
副主编　张传龙　甄文波　王晴晴　张爱鹏
主　审　周　永
Guiji—— Xiaoshi Jiaoyu Jiaocheng

出版发行	中国人民大学出版社			
社　　址	北京中关村大街31号		邮政编码	100080
电　　话	010-62511242（总编室）		010-62511770（质管部）	
	010-82501766（邮购部）		010-62514148（门市部）	
	010-62515195（发行公司）		010-62515275（盗版举报）	
网　　址	http://www.crup.com.cn			
经　　销	新华书店			
印　　刷	北京瑞禾彩色印刷有限公司			
开　　本	787mm×1092mm　1/16		版　次	2023年9月第1版
印　　张	12　插页1		印　次	2025年9月第2次印刷
字　　数	253 000		定　价	46.00元